W0392541

Märkte der Welt

Ein Fest der Sinne

Märkte der Welt

Ein Fest der Sinne

Fotografien Nelli Sheffer
Text Mimi Sheraton

Aus dem Englischen von
Martin Rometsch

KNESEBECK

Fotografien copyright © 1997 Nelli Sheffer
Text copyright © 1997 Mimi Sheraton

Erstveröffentlichung bei Harry N. Abrams, Inc., New York 1997
Titel der Originalausgabe: *Food Markets of the World*

Die Deutsche Bibliothek – CIP-Einheitsaufnahme
Märkte der Welt : ein Fest der Sinne /
Fotogr. Nelli Sheffer. Text Mimi Sheraton.
Aus dem Engl. von Martin Rometsch. –
Dt. Erstausg. – München : Knesebeck, 1998
Einheitssacht.: Food markets of the world <dt.>
ISBN 3-89660-034-6

Deutsche Erstausgabe
Copyright © 1998 von dem Knesebeck GmbH & Co.
Verlags KG, München
Umschlag: Zembsch' Werkstatt, München
Umschlagabbildungen: Nelli Sheffer
Herstellung: Jakob Buxeder, München
Satz: satz & repro Grieb, München
Printed in Hongkong

Alle Rechte, insbesondere das Recht der Vervielfältigung und Verbreitung, vorbehalten. Kein Teil des Werkes darf in irgendeiner Form (durch Fotokopie, Mikrofilm oder ein anderes Verfahren) ohne schriftliche Genehmigung des Verlags reproduziert oder unter Verwendung elektronischer Systeme verarbeitet, vervielfältigt oder verbreitet werden.

Für Udit – N. S.

Seite 1: *Tosardi, Java*
Haupttitelseite: *Yogyakarta, Java*
Gegenüber: *Fuyang, Provinz Zhejiang, China*
Folgende Seiten, der Reihe nach:
Sansibar, Tansania;
Tosardi, Java; Sansibar, Tansania;
Palermo, Italien; München, Deutschland;
Ubud, Bali; Denpasar, Bali;
Ho-Chi-Minh-Stadt (früher Saigon), Vietnam; Peking, China;
Nairobi, Kenia; Sansibar, Tansania;
Ipanema, Brasilien; Chichicastenango, Guatemala;
Sansibar, Tansania; Chichicastenango, Guatemala

OLIVE BIANCHE
L 2.000 CHILO
OLIVE BIANCHE GIGANTE NUOVE DI PATERNÒ
L 4.000 CHILO
OLIVE-BIANCHE SENZA-SALE
L 5.000 CHILO
OLIVE-NERE NOSTRALE SENZA-SALE
L 5.000 CHILO
OLIVE-AL-FIORE DI-CALAMIGNA
L 7000 CHILO

50P2
4576

商品标价签
商品标价签

TRILHA

Auf den Märkten der Welt

Und überall auf der Straße und überall auf den benachbarten Straßen, vorne und hinten, kündigte das ferne Dröhnen der Fahrzeuge ähnliche Kontingente der großen Karawane an, die sich durch die Düsterkeit und den tiefen Schlummer dieser frühen Stunde bewegte und die dunkle Stadt mit den Echos vorbeifahrender Lebensmittel wieder in den Schlaf lullte.

Über landwirtschaftliche Produkte, die zum Markt in den alten *Halles* von Paris gebracht wurden.
Aus *Der Bauch von Paris* von Emile Zola

Nelli Sheffer streift durch die Lebensmittelmärkte der Welt und macht Bilder mit seiner Kamera. Ich durchstreife diese Märkte und mache Bilder im Kopf. Seine hinreißenden Fotos sind hier zusammengestellt und begeistern alle, die einen Blick darauf riskieren.
Meine Bilder sind persönlicher; eine Art geistige Laterne ruft sie wach und erleuchtet Erinnerungen, die, wie ich hoffe, nie verblassen werden.
Meine Liebesaffäre mit diesen üppigen, lebhaften Märkten begann, als ich noch ein Kind war.
Mein Vater war Obst- und Gemüsegroßhändler auf dem Washington-Markt in Manhattan in der Nähe des Hudson River. Wenn die Familie spät am Tag unterwegs war, um etwas zu feiern – beim Essen oder im Kino –, ging er noch gegen Mitternacht zu diesem Markt und nahm uns mit. Während Lastwagen aus dem ganzen Land anrollten, entluden Arbeiter Säcke mit Kartoffeln aus Idaho und Zwiebeln aus Texas; Kisten mit Zitronen, Artischocken und Sellerie aus Kalifornien; Körbe mit Pfirsichen aus Georgia und grünen Bohnen von Farmen im nahen New Jersey und Pennsylvania. Sie stellten sie unter großen Metall-

Leuchtende Tomaten gibt es im Hochsommer auf dem Gemüsemarkt am New Yorker Union Square.

dächern ab, die an schiefen, schmalen Ziegelbauten hingen, von denen viele die Häuser der ersten holländischen Siedler in Neu Amsterdam gewesen waren. Für ein Kind war das ein verzaubernder Anblick. Nackte Glühbirnen unter den Dächern, Feuer in großen Metallfässern, an denen die Arbeiter sich die Hände wärmten, und die Scheinwerfer der Lastwagen, die zusätzliches Licht spendeten, erhellten die feuchtwarme, finstere Nacht. Und überall der Geruch, den ich heute noch auf Gemüsemärkten der ganzen Welt erkenne: ein Gemisch aus dem nassen Orangenholz der Kisten, verfaulendem Grünzeug, das auf den Gehsteigen zertreten worden war, dem warmen, süßen Unterton der Zwiebeln und Knoblauchzehen und dem strengen Duft der Zitrusfrüchte hier und da. Gelegentlich roch man starken, heißen Kaffee und noch stärkeren Whiskey, den die Arbeiter sich reichlich hinter die Binde kippten, um die Nacht durchzuhalten, die um sechs Uhr morgens endete. Dann gingen sie gewöhnlich in eine Eckkneipe und verschlangen ein Frühstücksabendessen aus Western Omeletts, London Broil mit Pilzsoße, Steaks mit Spiegeleiern und, während der Saison, Berge von gebratenen Krebsen. Das viele Essen und Schreien, das Feilschen und die überaus männlich gebellten Befehle, ließen sie in meinen Augen wie Privilegierte erscheinen. Sie waren wach und schienen sich köstlich zu amüsieren, während der Rest der Stadt schlief. Selbst heute schwelge ich gern in Erinnerungen an nächtliche Märkte – an das zauberhafte Chiaroscuro von Xi'an in China, an den verschneiten Christkindlmarkt in München und an die altehrwürdigen Charmeurs: *Les Halles* in Paris und Londons *Covent Garden*.

Wenn wir nach Los Angeles fuhren, besuchte ich am liebsten den Bauernmarkt (der damals seinen Namen noch verdiente), auf dem kostenloser, frisch gepreßter Orangensaft pausenlos zwischen den Ständen ausgeschenkt wurde. Das Gemüse aus der Umgebung war so schön, daß es in einen Blumenladen gepaßt hätte. Darunter befand sich eine Birne mit Alligatorhaut, die wir heute Avocado nennen. Später fuhren wir zum Französischen Markt (ein romantischer Name) in New Orleans mit seinen Knoblauchzöpfen, grünen Satsumas und purpurroten einheimischen Tomaten, mit den blassen, jadegrünen Chayotekürbissen und Okrabüscheln, zart wie kleine Finger (im Arabischen heißt diese saftige grüne Schote in der Tat *bamia*, »Frauenfinger«). Es war aufregend, Schilder mit französischen Aufschriften zu sehen, die ich nicht verstand, und die Käufer nannten die Marktfrauen »cher« – abgeleitet vom französischen *chérie*. Wir aßen im Morning Call und labten uns am mit Zichorie gestreckten Kaffee, den heiße Milch und dicke, goldene, mit Konditorzucker bestreutes Schmalzgebäck milder machten. Angesichts dieser frühen Prägung ist es kein Wunder, daß ich keinem Lebensmittelmarkt widerstehen kann, wo und wann auch immer.

Als ich 1953 nach Paris kam, war ich gerüstet für die legendären nächtlichen Freuden von *Les Halles* mit ihren hochragenden, von Glas umfaßten Pavillons, die von anmutigen gußeisernen Säulen getragen wurden. Dieser hinreißende Markt war Teil eines Plans zur Sanierung von Paris, den Baron Haussmann ausgearbeitet hatte. Der Bau der Hallen hatte 1854 nach Entwürfen von Victor Baltard und Félix Callet begonnen, und das Leben ihrer Bewohner – der Händler – inspirierte Emile Zola zu seinem köstlichen Roman *Der Bauch von Paris* (1873), einem Buch, das sich kein Liebhaber von Lebensmitteln oder Märkten entgehen lassen sollte. Mit ihren Wild- und Käseständen, ihren exquisiten Gemüsen und Exotika – zum Beispiel Schnecken, grasgrüne Seeigel und blaßrosa

Froschschenkel –, ihren Walderdbeeren, dem schlanken, seidigen Lauch und den spitzenartigen Salatköpfen machten *Les Halles* Appetit auf einen Teller heiße Zwiebelsuppe, überkrustet mit zerschmolzenem Käse, oder auf ein oder zwei gegrillte Schweinsfüßchen, verziert mit knusprigen, nach Knoblauch duftenden Brotkrumen.

Wie viele Märkte, die hauptsächlich dem Großhandel vorbehalten waren, wuchsen *Les Halles* über die Stadtmitte hinaus und benötigten mehr Platz, als in einer Gegend mit hohen Grundstückspreisen zur Verfügung stand, und mehr Verkehrsanschlüsse, als im Zentrum vorhanden waren. (Das gleiche Schicksal erlitten der Billingsgate-Fischmarkt in London und der Washington-Markt in New York.) Heute befindet sich der Pariser Markt in Rungis, einer moderneren Umgebung; aber ich bin froh, daß ich die alten *Halles* kennenlernen durfte. Mit ihrer demokratisch gemischten Kundschaft aus Prostituierten mit ihren *maquereaux*, feinen Damen im Abendkleid und eleganten Herren im Smoking, Künstlern, die einfach irgendwas trugen, und Touristen mit großen Augen (wie ich) waren sie wohl der großartigste städtische Markt, den die Welt je gesehen hat.

Das, was diese Märkte so unwiderstehlich machte, gibt es auf allen Märkten. Da sind zunächst einmal die Lebensmittel, die der Feinschmecker ebenso verlokkend findet wie der Künstler. Dem einen läuft in einer Atmosphäre, die mit neuen Genüssen oder alten Lieblingsspeisen lockt, das Wasser im Mund zusammen; der andere schätzt Formen und Farben. Inspiriert von Kisten mit Birnen, Äpfeln und Pflaumen, malte Caillebotte sein Stilleben *Früchte* und gab dem Bild den subtilen Untertitel *Enthüllte Leidenschaft*. Aber auf einem Markt kommen nicht nur Gaumen und Augen zu ihrem Recht; denn es gibt ja noch die Düfte und die Geräusche und das Gefühl weicher, flaumiger Pfirsiche und kühler, fester Kohlköpfe in der Hand. Und nicht ganz zufällig hat man auf den meisten Märkten auch noch die einmalige Gelegenheit zu essen – an Imbißbuden, in Cafés oder in richtigen Restaurants. Dem Reisenden haben Märkte wertvolle Einblicke in fremde Kulturen zu bieten. Sie gehören zu den wenigen Fenstern zum wahren Leben, die Ausländern offenstehen. Nur sehr wenige Märkte sind ausschließlich für Touristen zurechtgemacht. Ausnahmen sind Teile des schwimmenden Marktes in Bangkok und des Französischen Marktes in New Orleans, aber auch, wie ich vermute, Hollands dreihundert Jahre alter Käsemarkt in Alkmaar, auf dem die Träger bei der Arbeit antike Kostüme anhaben und eine Attraktion für Touristen darstellen.

Menschen, die Lebensmittel kaufen und verkaufen, bedeuten Geschäft, und sie wissen bei aller Leidenschaft genau, was sie wollen. Das spürt man am deutlichsten in Paris, wo viele Leute vor dem Mittag- oder Abendessen einkaufen und daher vor Hunger und Vorfreude ganz aus dem Häuschen sind, viel mehr, als wenn sie im Supermarkt nach einer Liste etwas kaufen, was sie in vier Tagen kochen wollen. Die guten Manieren, das gesellschaftlich korrekte und zurückhaltende Benehmen, dessen man sich im Bus oder auf der Straße befleißigt, sind manchmal schnell vergessen, wenn eine Mutter in aller Eile entscheiden muß, was sie der Familie zum Essen vorsetzt, oder wenn ein junger Mann oder eine junge Frau Delikatessen erwirbt, um damit die Zurückhaltung des oder der Geliebten zu brechen. Man kann auch beobachten, ob die Menschen höflich zueinander sind, wie Kinder mit ihren Eltern reden und ob Kunden sich ordentlich anstellen oder rücksichtslos nach vorne drängen. Und wie reagiert ein Händler, wenn ein besonders lästiger Kunde den Daumen in ein halbes Dutzend Pfirsiche drückt und dann nichts kauft?

Erfreulicherweise geben Märkte dem Reisenden die Chance herauszufinden, welche Früchte er im Restaurant probieren will, und oft kann er das gleich an Ort und Stelle tun. Ich nehme im Gepäck immer Messer, Gabel und Löffel mit, für den Fall, daß mich eine Pastete, ein hübsches Stück zerlaufender Käse oder ein besonders pralles Eclair betört. Doch nicht nur die Lebensmittel selbst, sondern auch die Art und Weise, wie sie zur Schau gestellt werden, sind ein Indiz für den feinen Geschmack des Publikums, der vor allem in Japan und Frankreich hoch entwickelt ist, weil die Ästhetik der Präsentation dort großes Ansehen genießt.

Manchmal verraten Märkte, in welchem Umfang die Menschen einander vertrauen. Wie sorgfältig zählen sie ihr Wechselgeld? Feilschen sie, oder zahlen sie Festpreise? Gewiß, die Ehrlichkeit der Händler hat den Kunden schon immer Sorgen bereitet. Das Mißtrauen der Käufer hat offenbar an vielen Orten gute Gründe, und die Maschen der Verkäufer sind überall erstaunlich gleich. Abgesehen von simplen Täuschungsmanövern, etwa beim Wechseln, gehören Manipulationen des Gewichts zu den häufigsten Tricks der Skrupellosen. Sie halten den Daumen auf die Waagschale, verstellen die Waage so, daß sie ein falsches Gewicht anzeigt, tränken die Ware mit Wasser, um sie schwerer zu machen, oder wiegen sogar die Verpackung mit – eine Praxis, die bei Räucherlachs in Scheiben, Fleisch, Hackfleisch und Fisch nicht unüblich ist.

Die Verläßlichkeit der Waage, einerlei ob sie elektronisch geeicht ist oder in der Hand gehalten wird, ist für den schlauen Verkäufer und den mißtrauischen Käufer gleichermaßen wichtig. Die Angst vor Betrug ist zu einem großen Teil für die Anziehungskraft verantwortlich, den Supermärkte ausüben. Fertigverpackte Waren mit klaren Gewichts- und Preisangaben wirken eben beruhigend – aber das schließt Täuschungsmanöver nicht aus.

Was für die Quantität gilt, trifft auch auf die Qualität zu, und hier gehören Verfälschen und Panschen zu den häufigsten Tricks. Am einfachsten ist das bei Produkten wie Nüssen, Teeblättern, Kaffeebohnen oder Gewürzen. Es ist sehr leicht, gute und schlechte, frische und alte Ware zu mischen oder ein minderwertiges Produkt für ein hochwertiges auszugeben – Kassiamark wird als Zimt verkauft, Pfirsiche aus Pennsylvania erhalten das Etikett »Georgia«, mexikanischer Oregano wird zu griechischem gemacht, normales Rindfleisch zu erstklassiger Ware, Flunderfilet zu Seezunge. Im Amerika der Kolonialzeit wurden die Siedler im wörtlichen wie im übertragenen Sinne vor hölzernen Muskatnüssen gewarnt. Das war, ebenso wie die Mahnung, keine hölzernen Münzen anzunehmen, eine Warnung vor Naivität.

Da Fisch rasch verdirbt und dabei schädlich wird, verleitet er zu allerlei üblen Machenschaften. In unserer modernen Welt bemängeln wir das Alter der Fische, die wir kaufen; denn die Schiffe bleiben mit ihrem Fang meist lange auf See, und die Ware wird vom Hafen zu weit entfernten Märkten transportiert. Doch bereits im *Deipnosophistai* (Bankett der Sophisten), einer eingehenden Schilderung der Sitten und Gebräuche im Griechenland des 2. Jahrhunderts n. Chr., läßt sich der Chronist Athenaios ausführlich über die Missetaten der Fischhändler aus. Er bemängelt »den Verkauf von verwestem, stinkendem Fisch« und die Unsitte, ältere Ware mit Wasser zu besprenkeln, »damit man sie für frisch hält«. Wir haben schon längst Athenaios' Vorschlag beherzigt, die Stadt möge Beamte ernennen, die den Markt überwachen – eine Vorsichtsmaßnahme, die auch auf Märkten im alten

Rom üblich war. Und eine lateinische Inschrift, die an vielen Ladenfassaden in Rom und Pompeji sorgfältig in Mosaik gelegt war, lautete: *caveat emptor* – Hüte dich, Käufer.
Die wirtschaftliche Leistungsfähigkeit einer Region spiegelt sich ebenfalls in ihren Lebensmittelmärkten wider. Wie gut oder schäbig sind die Leute gekleidet, und wieviel kaufen sie? Noch vor gar nicht so langer Zeit kaufte man in Europa Lebensmittel zweimal am Tag in sehr kleinen Mengen – zwei Eier, ein Achtel Pfund Butter, einen Viertelliter Milch –, weil elektrischer Strom teuer und Kühlschränke selten waren. Legen die Händler eine Vielfalt von hochwertigen Produkten aus wie auf den florierenden Märkten der USA, Europas, Israels und Mexikos, oder liegen ganz wenige Waren einfach auf dem Boden wie in großen Teilen Afrikas oder auf dem schrecklich ärmlichen Markt von Salvador in Brasilien?
Eine meiner ergreifendsten Erinnerungen an Märkte betrifft den Moskauer Zentralmarkt im Jahre 1960. Damals war alles knapp. Ich beobachtete eine alte Frau in einem schweren, dunklen Pullover und mit einer weißen Babuschka, die ihr rundes, freudloses Gesicht umrahmte. Sie breitete Zeitungspapier auf ihrem Teil des Standes aus, holte behutsam elf wilde schwarze Pilze aus einer Papiertüte und legte sie so sorgfältig hin, als handle es sich um Juwelen in einem Schaufenster von Tiffany. In der Nähe stand ein Bauer mit rauher Haut, dessen grauen Wollmantel Schnüre zusammenhielten. Er öffnete einen mit Holzwolle gefüllten Pappkoffer, in dem zweiundzwanzig Eier lagen – sein Angebot an diesem Tag.
Auf einem kunterbunten Lebensmittel- und Flohmarkt in Bialystok, Polen, boten Händler mitten im nassen Schnee Küchengeschirr an – verbeulte Aluminiumtöpfe, verbogene Metallöffel, schartige Messer –, und daneben lagen zwei lange, dicke Salamis auf einem Tisch, von denen eine in der Mitte flachgedrückt war, als hätte ein Wagenrad sie überrollt. Aber die Kunden, die nach Waren hungerten, ließen sich davon nicht abschrecken, und innerhalb von zehn Minuten war alles verkauft. Nicht vergessen kann ich auch den kleinen polnischen Straßenmarkt in Polna, wo mir eine dralle Frau auffiel, die Wurzelgemüse verkaufte. Sie saß hinter ihren aufgehäuften Pastinaken, Steckrüben, Petruschka und Möhren und rieb die schärfste aller Wurzeln: Meerrettich. Sie arbeitete mit einem Reibeisen, das sie über eine Schüssel auf ihrem Schoß hielt, und die beißenden Dämpfe trieben ihr die Tränen in die Augen. Ihre heißen roten Wangen waren naß und sahen aus wie gekochtes Rindfleisch. Ich fragte mich, wie lange sie wohl würde weitermachen können, ohne zu erblinden.
Das Klima kann einem Markt einen besonderen Charakter verleihen – je extremer, desto besser. Für mich war kaum ein Markt so mystisch schön wie jener in Helsinki am baltischen Hafen. Es war an einem Morgen im Februar bei 23 Grad unter Null. Ich war so dick angezogen, daß ich die Arme nicht beugen konnte, und ging mit einem eingefrorenen Kugelschreiber über den spärlich bevölkerten Platz. Blumenhändler stellten ihre Waren in Lastwagen mit gläsernen Laderaumtüren aus, und zwischen dem Glas und den Blumen brannten Kerzen, die den Frost vertreiben sollten. Ich hatte den Eindruck, in einen Schrein zu blicken. Ganze Fische gefroren so schnell, daß man sie am Schwanz gerade in die Höhe halten konnte, und sie funkelten wie glasierte Keramik. Käufer und Händler eilten in warm leuchtende Zelte aus orangefarbenem Leinen und tauten sich bei dampfendem Kaffee und knuddeligen, nach Kardamom duftenden Hefekuchen auf. Tropische Hitze und Feuchtigkeit

dagegen intensivieren die bereits starken Aromen, die eingelegte Fische auf den Märkten Südostasiens absondern. Dort schützen Palmen die Stände vor der Sonne, und die Marktbesucher tragen spärliche bunte Kleider aus Baumwolle und Seide.

Auch die dargebotenen Lebensmittel selbst können außergewöhnlich eindrucksvoll sein, vor allem die Schweineschwarten, die auf mexikanischen Märkten in einem Stück gebraten und wie riesige Stücke Blattgold aufgehängt werden, ehe man sie in *chicharrónes* zerteilt, ebenso die kunstvoll arrangierten Süßigkeiten und Früchte – Opfer für die Götter –, die man auf den Märkten von Bali sieht. Auch die Menge kann verblüffen. In Qingping in der Provinz Guangzhou sind so viele Kisten voller Ingwer aneinandergereiht, daß man damit mindestens zwei New Yorker Wohnblocks bestücken könnte. Und auf dem Tokioter Tsukiji-Markt kann der Käufer Hunderte von gefrorenen, torpedoförmigen Thunfischen inspizieren, wobei er sich wie auf einem Düsenjäger-Flugplatz vorkommt. Ich war der Meinung, soviel Ingwer und Thunfisch reiche dem Land wohl ein Jahr lang, mußte mir aber sagen lassen, daß es sich lediglich um den Bedarf eines einzigen Tages auf einem von vielen Märkten handle.

Gewiß, Märkte sind so angelegt, daß man die verschiedensten Produkte unterbringen kann; man kann jedoch auch bestimmte Lebensmittel so verändern, daß sie den Anforderungen des Marktes entsprechen. Die Geschäfte der großen Lebensmittelketten mit ihrem gewaltigen Volumen und der zentralen Lagerung benötigen Obst und Gemüse, das nicht so leicht verdirbt. Um ihren Bedarf zu decken, entwickeln Botaniker und Gärtner Sorten, die langsam reifen und faulen und dennoch so hübsch aussehen, daß sie sich von selbst verkaufen. Nicht zufrieden mit Kreuzungen innerhalb derselben Art, versuchen Sie nun, verschiedene Arten zu kreuzen, um die Wünsche der Massenproduzenten zu erfüllen. Kritiker bezeichnen die Ergebnisse dieser futuristischen Technik als *Gen-Food*. Tomaten sind das Hauptziel der Denaturierung, und das Resultat sind geschmacklose, »hartreife« Monster. Würfelförmige Tomaten zu erzeugen, die lückenlos in Kartons passen und nicht vom Regal rollen, ist noch nicht gelungen.

Um maximale Gewinne zu erzielen, werden spezielle Supermarktfrüchte gezüchtet, die während des Wachstums gerade so viel Wasser absorbieren, daß sie zwar schwer werden, aber nur langsam verderben. Im Gegensatz dazu gibt es auf kleinen, weniger kommerziellen Bauernmärkten – viele der in diesem Buch beschriebenen Märkte gehören dazu – Erdbeeren, Tomaten, Zuckermelonen und andere Produkte, die die Bauern der Umgebung selbst anliefern. Solche Lebensmittel sind für große, kommerzielle Märkte zu empfindlich. Der Fairneß halber sei erwähnt, daß die Liebhaber naturbelassener Nahrungsmittel deren Mängel nicht nur in Kauf nehmen, sondern sie sogar auf romantische Weise zu lieben scheinen – der Wurm im Apfel ist für sie ein Zeichen dafür, daß die Frucht unverfälscht ist. Wenn Ihnen die amerikanischen Supermärkte nun wie Schurken vorkommen, kann ich Sie beruhigen: Die Amerikaner sind nur die ersten, und ähnliche Produkte tauchen nach und nach in allen Supermärkten der Welt auf.

Die Idee des zentralen Marktes mag uns modern anmuten; sie geht jedoch auf die Antike zurück, auf die griechische Agora und das kaiserliche Rom, wo Trajan auf dem Quirinal neben dem Forum ein riesiges Markthaus mit mehreren Stockwerken errichten ließ, in dem jedes Nahrungsmittel seinen eigenen Platz hatte. Oft waren die Lebensmittelmärkte Teil anderer Märkte, auf denen Leder, Textilien oder

Schmuck verkauft wurden; manchmal fanden sie auch zwischen Regierungsämtern und Banken oder inmitten von Geldwechslern statt. »Fast alle mittelalterlichen Städte wuchsen um einen Markt oder Jahrmarkt oder beides herum«, schreibt Mark Girouard in seiner Gesellschafts- und Architekturgeschichte *Die Stadt. Menschen, Häuser, Plätze* über einige der berühmten, längst verschwundenen Märkte von Florenz, Genua, Venedig, Antwerpen und Salisbury. Über die englischen Märkte des
14. Jahrhunderts stellt er fest: »Es gab nur selten eine scharfe Trennlinie zwischen Groß- und Einzelhandel. Fast alle Großhändler waren bereit, auch im Einzelhandel zu verkaufen.« Oder umgekehrt, wie jeder echte New Yorker weiß.

Mit dem Ausdruck »Markt« ist in diesem Buch eine Versammlung unabhängiger Kaufleute gemeint, die auf einem dafür bestimmten Platz – in einem Gebäude oder im Freien – unter der Aufsicht der örtlichen Behörden oder eines Unternehmens, das dieses Gelände besitzt oder gepachtet hat, gängige Waren verkaufen. Manche bieten eine Vielfalt von Lebensmitteln an, andere haben sich auf eine einzige Kategorie spezialisiert, etwa auf Fisch, Gewürze oder Trüffel. Darum gehen wir hier nicht auf viele berühmte und großartige Märkte ein, deren verschiedene Abteilungen einem einzigen Unternehmen gehören: Fauchon in Paris, Harrods in London, Dallmayr in München, Dean und DeLuca oder Balducci's in New York. Ausnahmen sind Straßenmärkte wie in der Rue Mouffetard in Paris, wo viele Einzelhandelsgeschäfte in gewissem Sinne einen Markt bilden.

Da Märkte mit Lebensmitteln, also mit dem Leben zu tun haben, sind sie für den Menschen in mancherlei Hinsicht von Bedeutung, und dieses Buch geht auf alle Aspekte ein. Denken Sie an den elementaren Selbsterhaltungstrieb; an das Mahl, das eine Frau für ihre Lieben zubereitet; an den Händler, der auf Gewinn angewiesen ist; an den Wunsch des Kunden, preiswert einzukaufen; und an das Leben der Marktarbeiter, die vor Tagesanbruch aufstehen müssen und wenig Rücksicht auf die Bedürfnisse ihrer Familie nehmen können. Nicht weniger bedeutsam ist die Spiritualität vieler Arbeiter: Sie beten, bevor sie mit ihrem Tagewerk beginnen, schmücken ihre Stände mit Bildern von Heiligen und Sehern und tragen Amulette – oder hängen sie gar ihren Fischen um –, alles in der Hoffnung, den Tag heil zu überstehen und gute Geschäfte zu machen.

Asien

Asien

Vorige Seiten: Der wöchentliche Viehmarkt mit Auktion vor der Stadtmauer von Dali in der chinesischen Provinz Yunnan.

»Exotisch« ist das Wort, das Besucher aus westlichen Ländern am häufigsten einfällt, wenn sie die wimmelnden, lauten und wohlriechenden Märkte im stets verführerischen Fernen Osten betrachten. Sie sind über die unzähligen Menschen und die enorme Vielfalt der Lebensmittel ebenso verblüfft wie Marco Polo im 13. Jahrhundert. In Kin-Sai, dem heutigen Hangzhou, bestaunte der Entdecker nicht weniger als zehn Marktplätze und war geblendet vom stattlichen Angebot an Wild, Obst, Gemüse, Kräutern und Wein. Über die Fischmärkte schrieb er: »Als wir die enormen Mengen von Meeres- und Süßwasserfischen sahen, hielten wir es für unmöglich, daß alles verkauft werde. Aber innerhalb weniger Stunden war alles weg, so groß ist die Zahl der Einwohner.« Das könnte auch die Beschreibung eines modernen asiatischen Fischmarktes sein, vor allem des Tsukiji, des riesigen Tokioter Großmarktes, den man ohne weiteres »Stadt der Meeresfrüchte« nennen könnte.

Selbst heute, da so viele asiatische Lebensmittel (besonders Gemüse) den Weg auf die Märkte und Tische der ganzen Welt gefunden haben, gibt es noch Erzeugnisse, die dem Auge und dem Gaumen einen Schock versetzen. In ganz China und in den südostasiatischen Ländern wie Vietnam, Thailand, Malaysia und Indonesien werden sonderbare Speisen und Gewürze als Arzneien verkauft. Sie wirken freilich nicht bizarrer als die getrockneten Schlangenhäute, die gepreßten Schildkrötenleiber und die braunen, knorrigen Wurzeln und Rinden aller Art. Vielleicht bekommt man dort sogar das sagenhafte Auge des Wassermolchs, das, wie wir aus der Literatur wissen, in eine Hexensuppe gehört. Auf jeden Fall findet man durchsichtige Fischmägen, trocken wie Pergament, Ohrschnecken, Haifischflossen und gepreßte, lederartige Nieren, Lungen und Blasen von Tieren für die alltägliche Mahlzeit oder für besondere Festtage wie das Neujahrsfest.

Neben dem rotgold glänzenden Fleisch gerösteter Enten, Hühner und Schweine gibt es auch verführerische Köstlichkeiten, die weniger wohlfeil sind, zum Beispiel tausend Jahre alte Eier mit aschgrauer Patina. In Wahrheit sind sie kaum älter als zehn

Ein Marktstand in My Tho mit vielen verschiedenen Eiern: Sie stammen von Hühnern, Wachteln, Enten und Gänsen.

Ein Ferkel ist zur Viehauktion nach Dali unterwegs.

Wochen und wurden in kalkigem Lehm »gereift«. Danach schimmern die rohen Eier blaugrün wie Holzkohle und schmelzen zu einer geleeartigen Masse. Das Innere dieser Eier – am besten Enteneier – schmeckt ein wenig wie eine leicht schweflige Mischung aus Sardellen und schwarzen Oliven. Man serviert es in kleinen Portionen als Appetithappen oder als Garnierung. Ebenso exotisch und für den Westler noch viel schockierender sind die lebenden Tiere, die auf asiatischen Märkten als Nahrungsmittel verkauft werden. Wer in einer großen Stadt lebt, in der verschiedene ethnische Gruppen Geflügelmärkte abhalten, hat vielleicht schon Enten, Gänse und Hühner gesehen, die aus Kisten schauen. Sie werden in der Regel noch auf dem Markt für den Kunden geschlachtet. In China und Südostasien ist es ganz normal, daß eine Käuferin den Markt mit einem lebenden Huhn verläßt und es am Strick trägt, mit dem seine Füße gefesselt sind. Noch seltsamer muten den Ausländer die lebenden Ferkel in zylinderförmigen Körben und die Hunde und Katzen in Holzkisten an. Diese Katzen und Hunde sind keine Haustiere, sondern Zuchtvieh, das gegessen wird. Märkte konfrontieren uns schonungslos mit der Lebenswirklichkeit und zwingen uns, kulturelle Unterschiede im Lichte unserer eigenen Verhaltens- und Moralvorstellungen zu betrachten.

Das Geschrei der feilschenden Marktschreier und Kunden ist nicht erstaunlich; doch es wird zu einer wirren Kakophonie, wenn man nicht das geringste von der Sprache versteht. Das Durcheinander der Gerüche freilich kann eine geradezu atemberaubende Überraschung sein. Eingemachte Speisen haben in den asiatischen Ländern eine lange Tradition, und die Gärung ist eine altehrwürdige Methode, deren Wirkung, was den Geruch angeht, beim Fisch unübertroffen ist. Nicht nur die bereits erwähnten Fischteile sondern ein beißendes Aroma ab, die intensivsten Düfte stammen vielmehr von reifenden Innereien in jenen Soßen, die *nam pla* und *nuoc mam* heißen. Auch die in Salz eingelegten Gemüse riechen streng – ähnlich wie koreanisches *Kimchi* –, vor allem Rüben, Kohl, Zwiebeln und Knoblauch.

Indiens Märkte sind zwar ebenso überfüllt wie die im restlichen Asien; aber hier hört man die sanfteren Laute einer anderen Sprache und Stimmlage, und man riecht lieblichere und vertrautere Düfte. Wirklich überwältigend sind hier die Farben der Gewürze, der blaßgoldene Senf, die orangefarbene Gelbwurz, der messingfarbene Safran sowie das erdige Braun des Zimts, des Kreuzkümmels und des Piments. Die Kleidungsstoffe, die getragen und verkauft werden, scheinen mit ebendiesen Gewürzen gefärbt worden zu sein. Goldorange ist eine sehr beliebte Farbe: Neben den Gewürzen werden an einigen Ständen auch polierte Schalen, Tabletts und Wasserkrüge aus Messing angeboten, die man einst nach Gewicht kaufte; andere Händler verkaufen die begehrten Ringelblumen und, während der Saison, Girlanden aus süß duftenden blaßgelben Jasminblüten.

Verglichen mit den anderen asiatischen Märkten, die hier vorgestellt werden, erinnern die indischen an den Orient, nicht nur wegen der vielen Gewürze, sondern auch wegen der Nüsse und der heißgeliebten Samen und Körner – Kardamom, Sesam, Mohn, Pfeffer, Kümmel und graugrüner Anis, der oft mit Zucker überzogen ist und frischen Atem gibt. In einigen Winkeln wird *paan* verkauft, der beliebte verdauungsfördernde Snack aus Betelnüssen, mit Kokos, Kardamom, Anis, Klee und Blättern von Silberpappeln gewürzt und in glänzende, grüne Betelblätter gewickelt, die fein säuberlich geschnitten und gefaltet werden. Man kaut das *paan* und spuckt es dann aus. Es soll ein erfrischender Imbiß sein, der die Zähne vorübergehend rot färbt und eine leicht anregende Wirkung hat.

Paan, ein verdauungsfördernder Imbiß, besteht aus Betelblättern, die mit Betelnüssen, Gewürzen und Kräutern gefüllt sind.

Zu den größten Vorzügen der asiatischen Märkte gehört glücklicherweise die Möglichkeit, überall köstliche Imbisse zu verzehren, zum einen, weil es dort so viele Fertiggerichte zum Mitnehmen nach Hause gibt – eine Gewohnheit, die schon während der chinesischen Song-Dynastie (960–1280) verbreitet war –, zum anderen, weil Arbeiter und andere Käufer mit geringem Einkommen ihren Hunger traditionell mit kleinen, über den Tag verteilten Snacks stillen. Für diese Art zu schmausen dürfte China der beste Ort der Welt sein. Auf den dortigen Märkten bekommt man unter anderem gedünstete oder gebratene Teigtaschen, die eine Füllung aus Fleisch, Gemüse oder Krabben enthalten, ganz zu schweigen von Wundern wie den sichelförmigen »Topfklebern«, die mit Schweinefleisch gefüllt und halb gedämpft, halb gebraten sind. Unmengen von Weizen-, Reis- und aus Mungbohnen gemachte Glasnudeln werden getrocknet oder mit einer scharfen bzw. milden Soße zubereitet verkauft. Manche Weizennudeln werden direkt auf der Straße hergestellt, indem der Teig gezogen, immer wieder doppelt gelegt und auf den Tisch geschlagen wird, bis sich ein dicker Strang bildet, der in Hunderte von Streifen geschnitten wird – eine theatralische Attraktion der Nachtmärkte von Xi'an. Außerdem gibt es Suppen, gegrillte Fleischstücke, dicke, mit süßem Schweinefleisch oder einer Rote-Bohnen-Paste gefüllte Dampfbrötchen, Frühlingsrollen, gebratene Pfannengerichte, gebratenen Rettichkuchen und in ganz China und Südostasien den wohltuenden, stärkenden Reisbrei. Dieses beliebte Gericht besteht aus in Fleischbrühe gedünstetem Reis, der mit Gemüse und Hühnerfleisch oder Krabben – oder was der Geldbeutel sonst noch zuläßt – angereichert ist.

Phó, eine herzhafte Nudelsuppe, die mitunter mit Rindfleisch, Hühnerfleisch, Krabben oder Gemüse garniert und mit Lemongras, Koriander und Paprika gewürzt wird, ist eines der wichtigsten Produkte auf den Märkten von Vietnam. Andere Versuchungen sind beispielsweise gehackte Krabben auf Zuckerrohrspießen, über Holzkohle gegrillt, und gedünsteter klebriger Reis in Bananenblättern.

Auch in Indonesien gehören verschiedene Nudelgerichte, Enteneier mit Curry sowie tropische Früchte und ihre Säfte zu den Grundnahrungsmitteln. In Bali taucht man gebratenes Schweinefleisch, *saté,* in eine köstlich süßsaure, scharfe Soße aus Erdnüssen, Paprika, braunem Zucker, Zwiebeln, Knoblauch und Tamarinden- oder Zitronensaft.

Nüsse, Samen und Kerne, geröstete und gesalzene Kichererbsen und frisch gebackene dünne Brotfladen mit Kartoffeln, Gemüse, Zwiebeln oder Fleisch stillen auf indischen Märkten den Hunger, ebenso *pakora* und *samosa,* gefüllte Teigtaschen. In der Gegend von Bombay und in ganz Gujarat ist *bhelpoori* eines der beliebtesten Gerichte. Es wird auf offenen Karren zubereitet und ist ein sättigendes vegetarisches Gemisch aus knusprigem Puffreis, Linsen, Kräutern, Zwiebeln, gehacktem Gemüse und knusprigen Waffeln aus Weizenmehl.

Ölige, klebrige Süßigkeiten sind ebenfalls beliebt, zum Beispiel pastellfarbene Kokospralinen, *jalebies* – fritierte Teigkringel, die vor Zuckersirup glänzen – und weiches *halwah,* das meist aus gewürzten Möhren oder Weizen besteht.

Wenn Ihnen das nicht süß genug ist, dann ist Ihnen nicht zu helfen.

Süßer Reis, in Bananenblätter gerollt und darin gedünstet, ist ein beliebter Imbiß auf dem Markt von Can Tho.

Dünne, getrocknete Nudeln sind die Hauptzutat für indische süße Kuchen. Hinzu kommen süße Mandeln, Pistazien und Honig. Um die Nudeln zu wiegen, benutzt man eine Spezialwaage.

Das imposante Hauptgebäude des Marktes in Cho Lon, dem Chinesenviertel von Ho-Chi-Minh-Stadt (Saigon). Am frühen Morgen, bevor der Markt geöffnet wird, sind die umliegenden Straßen mit Verkäufern und Scharen von Menschen gefüllt.

Asien

Typische Märkte

China

Qufu, Provinz Shandong – Ein freier Markt im Geburtsort von Konfuzius
Chengdu, Provinz Sichuan – Der Hauptmarkt für Lebensmittel und Gewürze in der Stadtmitte
Dali, Provinz Yunnan – Ein Lebensmittel- und Viehmarkt in dieser Stadt am Ufer des Erhai-Sees
Fuyang, Provinz Zhejiang – Ein kleiner ländlicher Markt im Dorf Fuyang bei Hangzhou
Peking – Der Tiantan-Markt
Shanghai – Der Yuyuan-Basar, der Hauptmarkt der Stadt. Hier wird alles Mögliche verkauft – von Lebensmitteln über Haushaltswaren bis zu billigem Schmuck.

Vietnam

Mekongdelta – Verschiedene Märkte an den Kanälen des Deltas, vor allem in den Städten My Tho, Vinh Long und Can Tho. Der größte ist der schwimmende Markt von Phung-Hiep, etwa vierzig Kilometer von Can Tho entfernt.
Cho Lon, Ho-Chi-Minh-Stadt (früher Saigon) – Cho Lon (auf chinesisch »großer Markt«) ist das Chinesenviertel der Stadt, wo in einer riesigen Markthalle von Schnürsenkeln bis zu Kräutern und Fleisch alles verkauft wird. Die Verkäufer bauen ihre Stände außerhalb des Gebäudes auf, bevor der Markt um 7.30 Uhr geöffnet wird.

Indonesien

Bali
Denpasar – Der zentrale Markt, *pasar badung,* ist ein mehrstöckiges Gebäude, in dem Lebensmittel und andere Waren verkauft werden. In der Nähe befindet sich der Straßenmarkt *pasar malam.*
Ubud – Ein Markt für Lebensmittel und Kunsthandwerk im Künstlerdorf nördlich von Denpasar

Java
Muntilan – Ein Lebensmittelmarkt in dieser zwischen Yogyakarta und der buddhistischen Stupa in Borobudur, Zentraljava, gelegenen Stadt
Tosari – Ein kleiner Markt in einem Dorf an den Hängen des Berges Bromo in Ostjava

Indien

Chochin – Der Hauptmarkt in diesem großen Fischereihafen. Die Stadt ist zugleich das Zentrum für den Gewürzhandel an der Südwestküste Indiens.
Gadodia, Alt-Delhi – Ein Gewürzmarkt für den Großhandel in einem Gebäude mit umzäuntem Hof beim Khari Baoli, dem Gewürzzentrum der Stadt
Chandni Chowk, Alt-Delhi – Der quirligste Markt in Alt-Delhi. Die Marktbuden stehen in endlosen Reihen an der Hauptgeschäftsstraße.

Die chinesische Küche

Da die Chinesen mit Brennstoff zum Kochen sparsam umgehen müssen und es ihnen oft an eiweißreichen Nahrungsmitteln mangelt, haben sie eine schnelle und schonende Garmethode erfunden: das rasche Braten bei ständigem Umrühren, Pfannenrühren genannt. Lebensmittel, die in kleine Stücke geschnitten werden, garen schnell, und man kann eiweißhaltige Speisen (Fleisch, Geflügel, Fisch, Eier) in kleinen Mengen mit Gemüse und Reis oder Nudeln strecken, so daß viele Esser satt werden.

Chinesisches Kochgeschirr ist auf diese Art der Zubereitung abgestimmt. Der Wok, ein weiter, schalenförmiger Metalltopf, hat eine große, gewölbte Oberfläche, auf der man Speisen gleichmäßig und schnell garen kann. Es passen ganze Fische hinein, und man kann in ihm auch dämpfen. Die besten Woks bestehen aus dünnem Gußeisen (heute auch schon aus rostfreiem Stahl). Dank des Metallrings, auf dem der Wok oft steht, kann man ihn auf westlichen Gasherden ebenfalls benutzen. Der chinesische Herd hat tiefe Brenner, in die runde Woks passen. Für den Elektroherd gibt es eine Variante mit abgeflachtem, schweren Boden. Der Deckel besteht meist aus einem leichteren, billigeren Metall wie Aluminium.

Wenn die Chinesen im Wok Essen zubereiten, verwenden sie lange Kochstäbchen sowie Schöpflöffel und Spatel mit geraden Kanten und langem Griff. Um das Essen rasch aus dem Wok nehmen zu können, sobald es gar ist, und um es vom Saft zu trennen, benutzt man Drahtsiebe mit langem Bambusgriff, die es in verschiedenen Größen gibt.

Ein schweres Küchenbeil, das Knochen zerteilt, und ein dünner Hobel sind ebenso unerläßlich wie ein großer hölzerner Hackklotz oder ein Hackbrett.

Runde Dampfeinsätze aus Bambus, die man stapeln kann (sie bestehen heute oft aus weniger elegantem Aluminium), passen in den Wok hinein, und man kann darin Fisch, Fleisch und Gemüse dünsten. Verschiedene Arten von gedämpften Teigtaschen werden in *Dimsam*-Restaurants oft direkt aus solchen Dampftöpfen serviert.

Mit Draht verstärkte Tontöpfe, in denen man Fleisch schmort oder kräftige Suppen kocht, sowie eine Kombination aus Suppentopf und Kohlenbecken nebst Schornstein, mongolischer Feuertopf genannt, gehören ebenfalls zum Standardangebot chinesischer Haushaltswarenläden.

Zum schnellen Garen braucht man Öl oder Fett, das erst bei sehr hohen Temperaturen verbrennt. Oft wird Schweineschmalz verwendet, vor allem in der Provinz Yunnan. Die beliebtesten Öle sind Erdnußöl, Sesamöl und mildwürziges Pflanzenöl, zum Beispiel Maisöl. Rapsöl ist etwas billiger, hat aber ein herbes Aroma, so daß es sich kaum für den Gaumen Uneingeweihter eignet.

Ein typischer Laden für Küchenbedarf und Haushaltswaren auf dem Markt von Chengdu.

Auf diesem Markt in Peking kann man verschiedene Öle in Plastikflaschen kaufen, die aus Zinnfässern abgefüllt werden.

Getrocknete Gewürze auf dem Markt von Peking.

Fahrräder sind das wichtigste Transportmittel im ländlichen China. Enten, Hühner und sogar Schweine werden oft mit dem Fahrrad vom Markt nach Hause gefahren.

Shanghai-Ente mit Sternanis

Es ist derart kompliziert und zeitraubend, eine knusprige Pekingente zuzubereiten oder auch nur eine Ente nach kantonesischer Art auf dem Ofen zu braten, daß man sie fast immer fertig zubereitet in Geschäften kauft, die auch Schweinefleisch, Spareribs und Huhn anbieten. Alles hängt in diesen Läden in dicken Scheiben, die wie glänzende, glasierte Skulpturen aussehen. Man hackt sie in Stücke und erhitzt sie noch einmal als Beilage für Schnellgerichte oder reicht sie als kalte Vorspeisen. Ein einfaches Entengericht, das leicht nach Sternanis duftet, läßt sich zu Hause zubereiten.

Kaufen Sie eine 4 Pfund schwere frische (nicht gefrorene) Ente, die nicht zu fett ist, und reiben Sie das Innere mit 1 Teelöffel chinesischem Fünf-Gewürze-Pulver ein. Geben Sie einen Bund gehackte Frühlingszwiebeln, die getrocknete Schale einer Mandarine oder Orange und 3 dünne Scheiben geschälten Ingwer in einen flachen Bratentopf. Am besten eignet sich ein ovaler Topf, in den die Ente genau hineinpaßt. Legen Sie alle Innereien außer der Leber mit hinein, und fügen Sie 4 ganze Sternanis und eine Marinade aus 3 Eßlöffeln Zucker, 3/4 Tassen dunkler Sojasoße, 1 1/3 Tassen Wasser und 1/2 Tasse trockenen Sherry hinzu. Wenden Sie die Ente so lange in der Soße, bis sie ganz damit bedeckt ist, und legen Sie sie in den Topf. Nun die Flüssigkeit zum Kochen bringen und die Ente etwa 1 1/2 Stunden zugedeckt schmoren lassen. Mehrmals wenden, damit das Fleisch gleichmäßig gart, und Wasser nachgießen, wenn die Soße verkocht. Wenn die Ente durchgebraten ist, stellen Sie die Hitze ab und lassen den zugedeckten Topf etwa eine halbe Stunde abkühlen. Schöpfen Sie dann das Fett ab, und kochen Sie die Ente unter häufigem Wenden erneut bei mittlerer Hitze in der Soße, damit sie auf allen Seiten braun wird. Die Soße sollte im offenen Topf bis auf 3/4 Tassen einkochen. Tranchieren Sie die Ente, und übergießen Sie die Fleischstücke mit der Soße, oder folgen Sie dem chinesischen Brauch, und hacken Sie die Ente in große Stücke, die dann in die Soße getunkt werden. Servieren Sie dazu die heißen oder kalten Innereien. Die Ente reicht für 6 bis 10 Personen, je nachdem, ob es sich um eine Vorspeise oder um das Hauptgericht handelt.

Tomaten, asiatische Auberginen, Schnittlauch, Frühlingszwiebeln und Chilischoten sind nur einige der vielen Produkte auf diesem typisch chinesischen Markt in Fuyang.

Bauern verkaufen Bok Choy und andere einheimische Produkte auf dem täglich stattfindenden Markt in Fuyang.

Asiatisches Gemüse

Die meisten dieser Gemüse – hier sind sie unter ihren chinesischen Namen genannt – findet man auf Märkten in ganz Asien, zum Beispiel Möhren, Zwiebeln, Lauch, Zuckererbsen, Brunnenkresse, Kohlrabi, Spinat und Koriander. Wenn Sie Kohl kaufen, suchen Sie nach Köpfen mit festen weißen Böden am Strunk. Meiden Sie Köpfe mit braunen Flecken – sie sind alt oder gar verschimmelt.

Bok Choy (Chinesischer Blätterkohl) – lange Büschel mit weiß-grünen Stengeln und dunkelgrünen Krausblättern. Der delikate Bok Choy ähnelt, wenn er jung ist, rundlichen Kaulquappen. Mit schwarzen Pilzen gedünstet – ein klassisches Gericht in Shanghai – schmeckt er köstlich.

Siu Choy (Chinakohl) – Sehr lang und mit einem Strunk aus krausen weißen und sehr hellen grüngelben Blättern. Ein milder Kohl, gut in Suppen und Schnellgerichten. Zerkocht leicht.

Choy Sum (Chinesischer Blütenkohl) – Helle Stiele, dunkelgrüne Blätter, die dem Spinat gleichen, gelbe Blüten. Ein süßes Gemüse, herrlich als Schnellgericht aus dem Wok mit Sesamöl.

Yau Choy (Rapskohl) – Schlanke, dünne Stiele, ovale Blätter, kleine gelbe Blüten, ähnlicher Geschmack wie *Broccoli di rapa*, nach dem Blanchieren weniger bitter.

Gai Lan (chinesischer Brokkoli) – Sieht wie Spinat aus, schmeckt aber wie Brokkoli. Besonders gut mit Huhn und in dunkler Austernsoße.

Juk Gai Choy (Senfkohl) – Sieht aus wie ein rundlicher, verschrumpelter Römischer Salat. Sein leicht bitterer Geschmack paßt zu kräftigen Soßen, die manchmal Tomatenmark enthalten und immer mit Öl oder Schweineschmalz und viel Knoblauch zubereitet werden.

Een Choy (Amarant) – Kleine grüne, dem Spinat ähnelnde Blätter mit einem Anflug von hellem Purpur an der Basis. Zäher als anderes Grüngemüse, daher ist längeres Dünsten notwendig.

Ong Choy (Wassergemüse oder -spinat) – Zartes, der Kresse ähnelndes Gemüse mit kurzer Saison (meist Spätfrühling bis Frühsommer). Mit Tofu und Knoblauch kochen.

Tung Qua (Wachskürbis) – Große grüne, weiß gesprenkelte Melone mit weißem Fleisch und gelben Kernen. Traditioneller Bestandteil einer festlichen Suppe. Wird in der Schale gedünstet und serviert.

Mo Qua (Krausmelone) – Sieht aus wie eine gefleckte, haarige Kreuzung zwischen einem Zucchino und einer Gurke. Hat das leicht bittere Aroma der Wintermelone.

Fu Qua (Balsambirne) – Gleicht einer verschrumpelten Gurke. Das holzige Innere mit den roten Kernen ist nicht eßbar, aber das Fleisch schmeckt köstlich, wenn man es mit scharfen Gewürzen schmort oder unter ständigem Umrühren brät.

Ai Qua (asiatische Aubergine) – Lang, dünn, amethystfarben bis dunkelrot. Hat weniger Samen und trockeneres Fleisch als die gleichnamige europäische Eierfrucht.

Bak Dau Gok (Langbohne) – Dünne Bohnen, die bis zu 90 cm lang werden. Etwas zäher als grüne Bohnen, müssen daher länger gekocht werden. Vor dem Braten (mit ständigem Umrühren) blanchieren und gehacktes Schweinefleisch, Knoblauch und scharfe Chilischoten darunter mischen.

Gau Choy Sum (Chinesischer Schnittlauch) – Nach Knoblauch duftender Schnittlauch mit gelben oder weißen Knospen, zum Garnieren oder als Gemüse verwendet. Besonders gut mit Eiern und Tofu. Braten Sie gelben Schnittlauch unter ständigem Rühren mit Aal – eine Art Nationalgericht in Shanghai.

Diese Händlerin in Fuyang scheint mit den Nudeln zu stricken, die sie verkauft.

Reisbrei

Yuan Mei, der berühmte chinesische Gelehrte und Gourmet des 18. Jahrhunderts, hielt Reis für das vollkommene Nahrungsmittel: Ihm zufolge sollte man ihn so einfach wie möglich essen, um seinen süßen Saft besser genießen zu können.

Das Gericht, das chinesischen Gastronomen am liebsten ist, heißt *congee* oder *jook*. Es ist ein weicher, rundum beglückender Reisbrei, der über eine Stunde in einer kräftigen Hühnerbrühe gequollen ist und mit Huhn, gerösteten Zwiebeln, eingelegtem Gemüse (Knoblauch, Kohlrabi oder Rüben), gehackten Frühlingszwiebeln oder eingelegten Eiern serviert wird. *Congee,* an den Imbißbuden Chinas und Südostasiens auch Hühnerreis genannt, ist eine Morgenspeise und der letzte nahrhafte Gang eines *Dimsam*-Frühstücks. Am besten schmeckt er als Mischung aus Rundkornreis und Klebreis, die beide zu den vielen Reissorten gehören, die man in Säcken und Kisten auf chinesischen Märkten findet.

Ein Händler in Qufu verkauft Knoblauch und getrocknetes Reispapier.

Auf dem Markt von Qufu, einer Kleinstadt in der Provinz Shandong, bieten Händler in der glühenden Hitze die Zutaten der typischen täglichen Kost an: Bohnensprossen, gebratenen Tofu und Nudelteig.

Gegenüber: Chinesen kaufen keinen Fisch, der bereits geschlachtet ist. Sie sagen, es gebe nur zwei Arten von Fischen: frische und tote.

Chinesische Handwaagen gibt es in vielen Größen. Mit kleinen Exemplaren wiegt man Gewürze und Edelsteine, mit den größeren sperrige Gegenstände.

Gedünsteter Fisch mit Ingwer und Frühlingszwiebeln

Dieses traditionelle kantonesische Gericht macht das Beste aus frischem, lebend gekauftem Fisch. (Gebraten wird nur toter, wenn auch frischer Fisch.) Man dünstet einen ganzen Fisch direkt auf dem Servierteller, den man in den Wok oder auf einen runden Bambusdämpfer stellt. Man kann jeden Dampftopf für Gemüse oder Muscheln benutzen, ebenso eine tiefe Bratpfanne oder einen flachen Bratentopf, der einen gut schließenden Deckel hat und groß genug ist.

Kaufen Sie einen möglichst frischen, am besten noch lebenden, etwa zwei Pfund schweren Fisch: eine Flunder, einen Seebarsch, eine Meerbrasse oder einen ähnlichen, nicht zu fetten Fisch mit weißem Fleisch, und lassen Sie ihn abschuppen und ausnehmen. Kopf und Schwanz sollten unversehrt bleiben. Schneiden Sie mit einem scharfen Messer an beiden Seiten des Fisches durch die Haut dreimal tief ein. Legen Sie den Fisch auf eine hitzefeste Glas- oder Keramikplatte oder einen tiefen Teller, und lassen Sie ihn 30 Minuten bei Zimmertemperatur in einer Marinade aus 2 Eßlöffel Sojasoße, 3 Eßlöffel trockenem Sherry oder Reiswein, 1 Eßlöffel Erdnuß- oder Sesamöl, 1/3 Tasse brauner Bohnensoße *(mein see)*, 2 Eßlöffel fein gehacktem, frischem Ingwer, 3–4 gehackten Frühlingszwiebeln, 2 gehackten Knoblauchzehen und einer Prise Zucker ziehen. Wenden Sie den Fisch einige Male. Legen Sie zwei Eßstäbchen auf den Boden des Topfes, und stellen Sie den Teller hinein. Gießen Sie so viel kochendes Wasser in den Topf, daß es an den Boden des Tellers reicht. Decken Sie den Topf zu, und dünsten Sie den Fisch bei großer Hitze 10 bis 15 Minuten, bis das Fleisch sich von den Gräten löst. Servieren Sie das Gericht auf der dampfenden Platte, und begießen Sie den Fisch mit Soße.

Das Ganze wird mit Frühlingszwiebelscheiben garniert, und mit 1 Eßlöffel heißem Erdnuß- oder Sesamöl beträufelt. Vor dem Servieren lösen Sie das Fleisch zuerst an der oberen Seite; dann entfernen Sie die Gräten und entnehmen das Fleisch der Unterseite mit einem Löffel.

Die Chinesen glauben, es bringe Unglück, einen Fisch zu wenden. Servieren Sie mit gedünstetem Reis. Das Gericht reicht für 2 bis 4 Personen.

Konservierte Fischprodukte

Da Eiweiß ein wichtiger Bestandteil einer gesunden Ernährung ist, wird es seit Jahrhunderten konserviert, damit es ständig verfügbar ist. Manche Konservierungsmethoden, wie das Gärverfahren, verleihen der Nahrung ein typisches Aroma, das viele Menschen mögen. Darum benutzt man vergorene Speisen auch als Würzmittel. In China und Südostasien ist die Luft auf den Märkten mit starken Gerüchen erfüllt, die Uneingeweihte oft als erstickend empfinden. Die Ursache sind getrocknete Fische und Fischteile (Mägen, Flossen usw.), getrocknete Krabben und Fischsoßen wie das thailändische *nam pla* und das vietnamesische *nuoc mam,* jene braune Flüssigkeit, die beim Einlegen von Fisch in Salzlake zurückbleibt. Die Duftstoffe in diesen Soßen verdampfen beim Kochen, und zurück bleibt nur ein mildes Aroma, das an eine Kombination von Sardellen und Worcestersoße erinnert.

Links: Der chaotische schwimmende Markt von Phung-Hiep wird am Zusammenfluß mehrerer Flußarme im Mekongdelta abgehalten.

Ein Teil des Marktes in My Tho ist konserviertem Fisch vorbehalten.

Im frühmorgendlichen Gedränge schiebt eine Händlerin ihren Motorroller durch die Straßen von Ho-Chi-Minh-Stadt (Saigon).

In der Hoffnung, die besten Stücke unten zu finden, wühlt eine Frau aus Vinh Long in einem Korb voller Rettiche.

Phó-by

Nudelsuppe mit Rindfleisch

In die beliebtesten vietnamesischen Schnellgerichte, die nahrhaften, aromatischen Fleischbrühen namens *phó* (nach den getrockneten Reisnudeln benannt, die sie enthalten), gehören auch Rindfleisch, Schweinefleisch, Geflügel oder Krabben und Gemüse. Meist kommt eine sehr scharfe Soße hinzu.

Um eine Hauptmahlzeit für vier Personen zuzubereiten, weichen Sie 1/2 Pfund getrocknete Reisnudeln 20 Minuten in heißem Wasser ein. Gießen Sie 10 Tassen Rindfleischbrühe und 3 Tassen Wasser in einen großen Topf, und lassen Sie darin 3 dünne Scheiben geschälten Ingwer und 2 geschälte Knoblauchzehen 10 Minuten kochen. Hinzu kommen, wenn gewünscht, 6 getrocknete chinesische schwarze Pilze (vorher einweichen), 1/2 Kopf geschnittener Napakohl, 1 Kopf geschnittener Bok Choy, 1 große, in dünne Scheiben geschnittene Zwiebel, 2 kleine, frische Chilischoten ohne Kerne, 1/4 Pfund Zuckererbsen ohne Fäden und 3 oder 4 Zweige frischer Koriander. Sie können so gut wie jedes Gemüse nehmen und auch Spinat und 1/4 Pfund frischen weißen Tofu, in Würfel geschnitten, hinzufügen. Würzen Sie mit 1 oder 2 Teelöffel Fischsoße *(nam pla oder nuoc mam)* oder mit etwas Sardellenpaste, in 2 Teelöffel Worcestersoße aufgelöst. Lassen Sie das Ganze 10 Minuten kochen, und würzen Sie nach Belieben. Geben Sie die abgegossenen Nudeln dazu, und kochen Sie alles noch 5 Minuten, bis das Gericht gar ist.

Ein halbes Pfund mageres, rohes Rindfleisch, in schmale Streifen geschnitten, können Sie ein paar Sekunden in der Suppe mitkochen lassen. (Oder Sie folgen der Tradition und legen die rohen Streifen erst auf die kochend heiße Suppe, nachdem Sie diese in Schalen abgefüllt haben, so daß das Fleisch kocht, während es gegessen wird.)

Gießen Sie also die Suppe mit Gemüse und Nudeln in 4 vorgewärmte, tiefe Schalen, und garnieren Sie nach Belieben mit Koriander, Minze, Basilikum, gehackten Frühlingszwiebeln, Bohnensprossen und Scheibchen grüner Chili. Wer will, fügt noch Zitronenschnitze und scharfe Paprikapaste hinzu.

Ein Gurkenverkäufer in My Tho ruht sich in der Hängematte aus.

Das Fahrrad ist im Mekongdelta nach dem Boot das zweitwichtigste Transportmittel. Diese Kokosnüsse wurden soeben aus einem Kanalboot in Vinh Long ausgeladen.

Ein Stand mit Bananen und Jackfruits.

Auf dem Markt in Cho Lon verkauft eine junge Frau rote Rambutans vom Fahrrad aus.

Südostasiatische Früchte

Früchte wie Bananen, Ananas, Mangos, Litschis, Papayas, Kokosnüsse und Kiwis sind auf südostasiatischen Märkten leicht zu erkennen; aber daneben gibt es ungewöhnliche Arten, die man zum Teil auch in Südamerika mit seinem vergleichbaren Klima findet.

Asiatische Birne – Auch chinesische Birne oder, in Japan, *nashi* genannt. Sieht aus wie ein Apfel mit der Schale einer braunen Birne und schmeckt wie eine saftige, harte Birne. Eine knackige und erfrischende Frucht.

Brotfrucht – Groß, rund, mit grüner, fleckiger Schale. Wird als Gemüse verwendet und hat ein flüchtiges Aroma. Ungekocht erinnert sie an rohe Kartoffeln, gekocht an Auberginen.

Durian – (Stinkfrucht) Große grüne Melone, deren Stacheln vor dem fauligen Geruch im Inneren warnen. Das weiche gelbe Fleisch schmeckt wie überreifer Camembert mit Blumenkohl – genau das lieben ihre Verehrer!

Djeruk-manis – Kleine grüne Zitrusfrucht aus Sumatra; süßsauer, saftig und durstlöschend.

Jackfruit – Eine melonenartige Frucht mit mildem Käsearoma; wird in Indonesien gewöhnlich in Scheiben geschnitten und mit Kokosmilch und Gewürzen gekocht. Diese Beilage heißt *gudeg*.

Loquat – Auch japanische Pflaume genannt. Eine kleine, ovale goldfarbene Frucht mit großem, glänzendem braunem Kern. Sie ist saftig und köstlich süßsauer. Die braunen Flecke mindern die Qualität nicht, sofern die Haut unversehrt ist. Wird auch in Dosen für Fruchtsalate verkauft.

Pomelo – Große gelbe Zitrusfrucht mit dicker Schale, Verwandte der Grapefruit. Sie kann süß bis bitter, pikant bis mild sein.

Rakam – Kleine, delikate thailändische Erdbeere.

Rambutan – Eine lustige, stachelige Frucht mit weichem, saurem Fleisch. Wird meist aus der Hand, aber auch in Fruchtsalaten gegessen.

Sternfrucht – Auch Karambole genannt. Eine lange Frucht mit wachsartiger gelber Haut und tiefen Furchen. Läßt sich in sternförmige Scheiben schneiden, die säuerlich schmecken. Eher dekorativ als köstlich.

Tamarillo – Auch Baumtomate genannt. Kleine, glänzende, ovale Frucht, tiefrot bis goldgelb, mit weichem, süßsaurem Fleisch und lila Kernen. Am besten zuckern und zu Soße oder Chutney einkochen lassen.

Markt auf einem Kanal bei Can Tho.

Ein Fischhändler aus Can Tho eilt mit einem Eisblock zu seinem Stand.

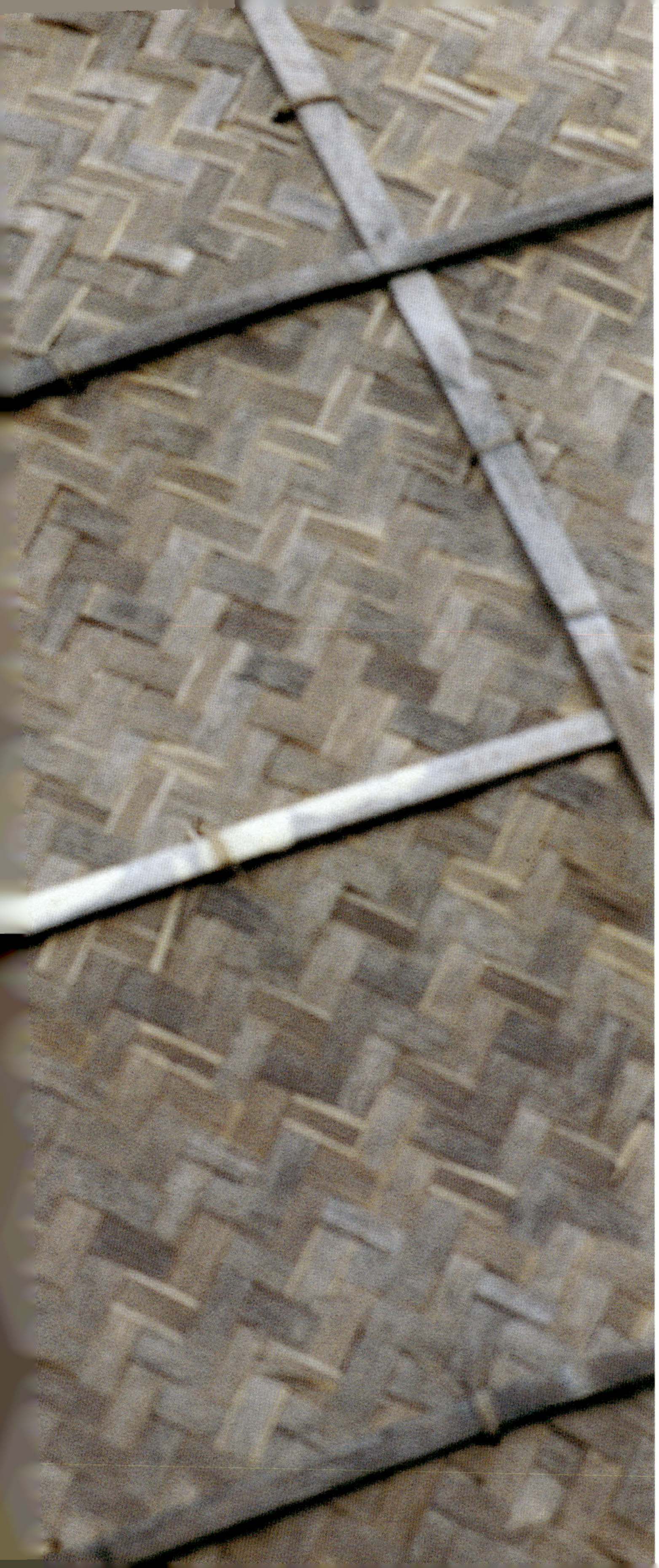

Wenn im Dorf Markttag ist, sind die Straßen schon
in der Morgendämmerung mit kräftigen Menschen
aus den umliegenden Dörfern gefüllt,
die ihre Waren verkaufen wollen:
Kokosnüsse, Bananen, Gemüse, Töpfe, Matten, Körbe …
Wenn im Dorftempel ein Fest stattfindet, stolzieren die Leute
in gelber, grüner und tiefroter Seide einher und bringen den Göttern
phantastische Pyramiden aus Früchten und Blumen dar.
Bei diesem Schauspiel wäre Diaghilev grün vor Neid geworden …
Auf den meisten Märkten steht ein kleiner Schrein für Dewi Melating,
die Göttin der Fruchtbarkeit, der Gärten und des Marktes,
der die Händler kleine Opfer darbringen
.

Aus *Die Insel Bali* von Miguel Covarrubias

Noch vor Sonnenaufgang sucht diese balinesische Frau sorgfältig Blätter für ihr Morgenopfer aus.

Der Markt in Ubud, einem Dorf bei Denpasar. Auf einem Korb mit Chilischoten steht eine Opfergabe für die Götter.

Saté Babi

Balinesisches Schweinefleisch mit Erdnuß-Chili-Soße

Saté, aufgespießte, gewürzte und über offenem Feuer geröstete Fleischwürfel, sind ein beliebtes Gericht auf balinesischen Märkten. Man serviert sie mit einer pikanten Soße.

Saté gibt es auf jedem balinesischen Markt. Als Hindus bereiten die Balinesen ihren Braten aus Schweinefleisch oder Geflügel, nie aus Rindfleisch. Die Moslems im übrigen Indonesien meiden dagegen Schweinefleisch und bevorzugen Rindfleisch. *Saté* schmeckt auch mit Lamm-, Kalb-, Hühner- oder Entenfleisch vorzüglich, am besten über Holzkohle gegrillt. Es eignet sich auch als Vorspeise oder als Teil eines *nasi padang*, wie die *rijsttafel* der holländischen Kolonisten auf indonesisch heißt.
Der süß-scharfe *saté-dip* paßt ebenso zu gegrillten Speisen wie Rippchen, Krabben und Hähnchen. Alle diese authentischen Zutaten finden Sie auf asiatischen Märkten oder in Feinkostgeschäften.Schneiden Sie 1 1/2 Pfund mageres, zartes Schweinefleisch in kleine Würfel. Mischen sie 2 Teelöffel indonesische oder thailändische Shrimpspaste oder 1 Teelöffel Sardellenpaste mit 3 Eßlöffel Wasser. Rühren Sie darunter 2 geriebene Kerzennüsse (nicht roh essen!) oder 2 geriebene, nicht gesalzene Macadamias, 2 gehackte Knoblauchzehen, 3 Eßlöffel süße Sojasoße und 3 Eßlöffel Erdnußöl. Gießen Sie alles über das Fleisch, und lassen Sie es 2 Stunden marinieren. Spießen Sie die Würfel dicht nebeneinander auf nasse Bambusstöckchen, und grillen Sie sie über rotglühender Holzkohle oder in einem vorgeheizten Grill. Wenden Sie die Spieße gelegentlich, bis das Fleisch nach etwa 7 Minuten gar ist.
Frische Erdnußsoße *(kacang baru)* können Sie im voraus zubereiten und tagelang im Kühlschrank aufbewahren. Braten Sie 1 mittelgroße, gehackte Zwiebel und 3 gehackte Knoblauchzehen in 3 Eßlöffel Erdnußöl kurz an. Geben Sie alles zusammen mit folgenden Zutaten in die Küchenmaschine: 2 Tassen geröstete, ungesalzene Erdnüsse, einen 5 cm breiten Streifen Lemongras, 2 dünne Scheiben geschälten Ingwer, 1 1/2 Eßlöffel thailändische oder indonesische Shrimpspaste oder 1 Eßlöffel Sardellenpaste, 1 kleine, frische rote oder grüne Chilischote ohne Kerne, 2 Teelöffel Palmzucker oder braunen Zucker, 2 Eßlöffel dunkle Sojasoße, 3 Eßlöffel Tamarinden- oder Zitronensaft und Salz nach Belieben. Pürieren Sie alles zu Brei, und gießen Sie soviel Wasser zu, daß ein Dip entsteht, in den man das Fleisch tunken kann.

Der öffentliche Markt in Denpasar. Der Name der balinesischen Hauptstadt bedeutet »östlich des Marktes«.

2 1 3 2 3
MI WON

Der große Markt in Muntilan liegt zwischen Yogyakarta und der buddhistischen Stupa bei Borobudur in Zentraljava.

Balinesische Frauen tragen Lasten oft auf dem Kopf.

Rogan Gosht

Aromatisches Lammcurry

Turcurri, bei uns Curry genannt, ist ein Eintopf mit einer meist fertig gekauften Gewürzmischung. Indische Köche ziehen es allerdings vor, ihr Currypulver selbst zu mixen. Sie kombinieren Gewürze, die zum jeweiligen Fleisch-, Fisch-, Geflügel- oder Gemüsegericht passen.

Erhitzen Sie 2 Eßlöffel ungesalzene Butter und 2 Eßlöffel Maisöl in einem schweren Drei-Liter-Schmortopf, und braten Sie 1 Tasse gehackte Zwiebeln kurz an, bis sie goldbraun sind. Schneiden Sie 2 Pfund mageres Lammfleisch von der Keule (ohne Knochen) in kleine Würfel und fügen es zu. Danach rühren Sie 1 Eßlöffel Gelbwurz (Kurkuma), 2 Eßlöffel Korianderpulver, 1/2 Teelöffel Kreuzkümmelpulver, 1/2 Teelöffel gemahlenen schwarzen Pfeffer, 1 oder 2 Prisen Cayennepfeffer, 2 Teelöffel Kardamompulver und 1 Eßlöffel fein gehackten frischen Ingwer unter. Das Ganze unter ständigem Umrühren 1 oder 2 Minuten braten, bis die Gewürze ihren Eigengeruch verlieren. Dann rühren Sie 1 Tasse reinen Joghurt ein und köcheln die Mischung bei sehr kleiner Hitze unter häufigem Umrühren etwa 45 Minuten, bis das Fleisch fast gar ist. Wenn nötig, gießen Sie während des Kochens Wasser oder etwas Magermilch nach, um Anbrennen zu verhindern. Fügen Sie 3 mittelgroße, geschälte und in kleine Würfel geschnittene Kartoffeln hinzu, und lassen Sie das Gericht weitere 30 bis 40 Minuten kochen, bis Kartoffeln und Fleisch sehr weich sind. Bei Bedarf Wasser zugießen. Garnieren Sie das Gericht mit Mandelsplittern, und servieren Sie es mit Reis.

Es reicht für 6 bis 8 Personen, je nachdem, was Sie sonst noch auftischen.

Garam Masala

Die klassische indische Gewürzmischung

Sie bilden leuchtende Kegel auf Fässern und sind in Säcken aufgehäuft. Gewürze sind die farbenprächtigen Stars auf indischen Märkten, und man findet vermutlich nirgendwo eine größere Auswahl als in diesem Land. Ein guter Koch kauft nicht die fertigen Gewürzmischungen, die heute immer häufiger angeboten werden, sondern ganze Gewürze. Diese röstet er vor dem Schälen und mahlt sie als Grundlage für ein Garam Masala. Das einfachste Garam Masala enthält Zimt, Nelken, schwarzen Pfeffer und Kardamom, manchmal auch Koriandersamen oder Kreuzkümmel. Kaufen Sie Gewürze in kleinen Mengen, und erneuern Sie sie oft, damit sie ihre Farbe und ihr Aroma behalten. Ganze Gewürze bleiben länger frisch als gemahlene, wenn man sie an einem kühlen, dunklen Ort aufbewahrt. Da sie Öl enthalten, werden sie sonst ranzig.

Auf den Märkten von Delhi herrscht ein buntes Gedränge von Gewürzständen.

Tamatar Chutni

Tomatenchutney

Kaufen Sie 2 Pfund reife, feste Tomaten. Schneiden Sie sie in Viertel, und pressen Sie Kerne und überschüssigen Saft behutsam heraus. Hacken Sie sie in große Stücke, und entfernen Sie die harten Teile. Geben Sie die Stücke in eine Pfanne, und streuen Sie eine Prise *punchphoron* darüber. Diese indische Gewürzmischung enthält Kreuz- und Schwarzkümmel, Senf, Fenchelsamen, Griechisch-Heu-Samen, Zimt- und Nelkenpulver. Fügen Sie 2 Eßlöffel geschälten, fein gehackten Ingwer, 3 geschälte und gehackte Knoblauchzehen, 1 oder 2 kleine, frische rote oder grüne Chilischoten ohne Samen, 1/3 Tasse Apfel- oder Malzessig, 2 Teelöffel Salz und 1 Tasse braunen Zucker hinzu. Bringen Sie die Mischung zum Kochen, und lassen Sie sie dann 10 Minuten köcheln. Oft umrühren. Danach geben Sie 2/3 Tassen heißes Senf- oder Pflanzenöl und 3 Eßlöffel schwarze Senfsamen dazu. Lassen Sie das Ganze noch einmal ungefähr 10 Minuten köcheln, bis das Chutney eingedickt ist. Würzen Sie nach. Lassen Sie die Masse abkühlen. In einem fest verschlossenen Glas- oder Keramikgefäß (es sind insgesamt etwa 3 Tassen) hält sich das Chutney im Kühlschrank 2 bis 3 Wochen.

Eine Händlerin verliest an einem kleinen Stand an einer Straße in Delhi rote Bohnen.

Warten auf Kunden.

Auf der Chandni Chowk, der belebtesten Marktstraße in Alt-Delhi, ordnet eine Händlerin ihr Gemüse.

Am Eingang zum Gadodia-Gewürzmarkt für Großhändler unweit der Khari Baoli in Alt-Delhi verursachen die vielen Handkarren und Träger ein Verkehrschaos.

Möhren und Lotuswurzeln in leuchtenden Farben warten in Delhi auf Käufer.

In Delhi werden frische Kichererbsen nicht nur roh, sondern auch leicht gekocht verkauft, damit ihre hellgrüne Farbe gut zur Geltung kommt.

Kichererbsen mit Ingwer

Sie brauchen 3 Tassen eingeweichte und in leicht gesalzenem Wasser gekochte Kichererbsen. (Erbsen aus der Dose unter fließendem kalten Wasser abspülen, um die Flüssigkeit aus der Konserve zu beseitigen.) Rösten Sie 1 Tasse gehackte Zwiebeln und 2 gehackte Knoblauchzehen leicht in 2 Eßlöffel ungesalzener Butter und 2 Eßlöffel Maisöl. Rühren Sie 1 Eßlöffel geschälten und gehackten Ingwer, $1\frac{1}{2}$ Teelöffel Gelbwurz und eine ordentliche Prise Cayennepfeffer, Koriander und schwarzen Pfeffer ein. Fügen Sie nun 2 mittelgroße gehackte Tomaten ohne Kerne oder $\frac{2}{3}$ Tassen gehackte Tomaten aus der Dose hinzu, und lassen Sie die Mischung einkochen. Rühren Sie dann die Kichererbsen, 1 Eßlöffel Zitronensaft, eine Prise Salz und $\frac{1}{2}$ Tasse Wasser ein. Das Ganze zugedeckt köcheln lassen, bis es eingedickt ist, und nachwürzen. Servieren Sie das Gericht warm und mit dünnen Zwiebelringen, grünen Peperonischeiben, Zitronenschnitzen und Minzblättern. Sie können es im Kühlschrank 3 bis 4 Tage aufbewahren.

Auf dem Gadodia-Markt in Alt-Delhi warten Träger auf Arbeit.

Cochin an der Südwestküste Indiens ist seit Jahrhunderten ein wichtiges Zentrum für den Gewürzhandel. Ein Haufen Ingwer trocknet in einem Lagerhaus in Fort Cochin.

Europa

Europa

Vorige Seiten: Ein verfallendes altes Gebäude bildet die Kulisse für einen Gemüsestand auf dem Ballarò-Markt von Palermo.

Die typisch europäische Vielfalt kommt in den Lebensmittelmärkten ebenso zum Ausdruck wie in den Sprachen, Währungen, Sitten und Gebräuchen. All dies verändert sich drastisch, wenn man beispielsweise von Frankreich nach Deutschland oder Italien reist. Obwohl Obst und Gemüse, abgesehen von lokalen Vorlieben und Produkten, im wesentlichen identisch sind, unterscheiden sich die Märkte dieser Länder, aber auch diejenigen in Spanien, England, Finnland und im übrigen Europa, was den Stil, das Verhalten der Menschen, die Präsentation der Waren und den Lärmpegel angeht.

Die kühle, schöne Ordnung des Hafenmarktes von Helsinki, auf dem jeder zum Außenseiter abgestempelt würde, der zu feilschen versucht, steht in krassem Gegensatz zum Duell, das Käufer und Verkäufer sich im heruntergekommenen Hafen von Marseilles oder auf dem Ufermarkt von Pozzuoli bei Neapel zu ihrer eigenen Unterhaltung liefern. Europäische Produkte – Obst, Gemüse, Käse und Geflügel – könnten bald ihre Identität verlieren, weil die Europäische Union ihren Mitgliedern einheitliche Normen aufzwingt. Dennoch dürfte die beachtliche Vielfalt erhalten bleiben.

Der französische Geschmack und die französische Finesse in der Gastronomie werden an den kunstvoll arrangierten Marktständen dieses Landes sichtbar: an der Kreuzung Rue de Seine und Rue de Buc und an der Rue Mouffetard in Paris, am Cours Saleya in Nizza, im impressionistischen Schimmer unter den Bäumen gelegen, oder auch auf den überdachten Märkten wie dem intimen Marché St. Germain in Paris oder den riesigen Halles de la Part-Dieu in Lyons.

Frankreichs Fliegende Märkte, die *marchés volants*, die es auch in einigen Teilen Italiens gibt, sind in unserer modernen Welt besonders auffällig, und sie gedeihen trotz der vielen *hypermarchés* nach wie vor. Sie kommen in regelmäßigen Abständen in verschiedene Städte; allein in Paris gibt es fast sechzig davon.

Die vorzüglichen Radieschen sind auf dem Markt von Lyon sehr gefragt.

Ein Käsehändler aus der Provence tut sein Bestes, um Kunden anzulocken.

Bevor es Massenmedien gab, verbreiteten die Händler auf diesen Märkten Neuigkeiten und stillten den Appetit auf Klatsch ebenso wie den auf frische Lebensmittel. Es ist bezaubernd, im blassen Morgenlicht zu beobachten, wie LKW-Türen auffliegen, Markisen montiert werden, um Wind und Wetter abzuwehren, und die Händler ihre Leckerbissen, darunter frische Waren aller Art, geschickt ausbreiten, so daß sie die Luft mit verlockenden Düften erfüllen. Am frühen Nachmittag dann packt das kulinarische Volksfest seine Sachen und zieht weiter.

Wie nicht anders zu erwarten, kann man auf allen diesen Märkten auch schmackhafte Imbisse einnehmen. Überall, wo Austern verkauft werden, gibt es eine Austernbar, die elegante, salzige *Belons*, samtige grüne *Marennes*, würzige, aber gewöhnliche *Portugaises* und, wenn man Glück hat, die berühmten *Armoricaines* aus der Bretagne anbietet. Ein Tropfen Zitronensaft oder *sauce mignonnette* (Weinessig mit Schalotten) und ein Glas Chablis allein sind notwendig, damit man von Grund auf zufriedengestellt wird. Kleine Cafés, die *salons de dégustation*, mit einfachen Speisen aus frischen Produkten sind auf den städtischen Märkten und in großen Markthallen ebenfalls zahlreich zu finden, und für eine Stärkung nach dem Markt gibt es immer große Stücke Brot, Käsereste, reifes Obst und Apfelkuchen.

Auf den deutschen Märkten geht es ruhiger zu; sie sehen ordentlich und tadellos sauber aus, was sie aber keineswegs weniger verführerisch macht, einerlei, ob sie in einem Gebäude untergebracht sind – zum Beispiel im riesigen KaDeWe (Kaufhaus des Westens) in Berlin – oder ob es sich um den traditionellen Viktualienmarkt im Herzen von München handelt. Dort findet man in überwältigender Vielfalt Obst und Gemüse, Brot und Käse, Blumen und Kräuter, Honig aus wabenförmigen Fässern, Fleisch, Geflügel, Wild, frischen und geräucherten Fisch und, besonders typisch, lange Girlanden der berühmten bayerischen Weißwürste, vorwiegend aus Kalbfleisch hergestellt. Daneben gibt es Bratwürste aus Schweinefleisch, rote, würzige, lange und dünne Polnische und die pikanten Regensburger, um nur einige aus dem breiten Angebot zu nennen.

Pyramiden aus gigantischen weißen Rettichen, knackige orangerote Möhren, wachsweißer und grüner Lauch, rote, grüne und weiße Kohlköpfe, Rüben aller Art von kleinen, violetten Kugeln bis zu goldenen Riesen sowie Kartoffeln in vielen Größen sind Standardprodukte auf Münchens beliebtem Viktualienmarkt. Manche Waren werden im Freien unter Schirmen und Markisen verkauft, die oft in den bayerischen Landesfarben prunken: blau und weiß. Im Winter schützen durchsichtige Zeltwände aus Kunststoff diese Stände vor Wind und Wetter, und man hat in den dunstigen Zelten das Gefühl, zu träumen oder sich unter Wasser zu bewegen.

Die Marktarbeiter und viele der ersten Kunden frühstücken in den zahlreichen Bierlokalen, die den Marktplatz säumen, und trinken das starke, goldfarbene Münchner Weißbier, in dem zuweilen eine Zitronenscheibe schwimmt. Sie lassen sich das Bier schmecken, während sie auf Leberknödel in Fleischbrühe, Rührei mit Bratwurst und Kartoffeln oder das geliebte Beinfleisch vom Rind warten. Draußen durftet die Luft nach Grillwurst, Leberkäse, pikantem Sauerkraut und dem süßen, frischen bayerischen Senf.

Auf italienischen Märkten steigen die Dezibel, die Bewegungen werden lebhafter und die Leidenschaften unverhüllter. Das gilt zumindest für die drei benachbarten Märkte, die sich durch die Gassen im Zentrum der sizilianischen Hauptstadt Palermo schlängeln – Mercato della Vucciria, Capo und Ballarò. Der erste ist der älteste und theatralischste. Sein Name bedeutet wahrscheinlich »laut«. Die Kakophonie aus Stimmen und Schreien ist angenehm ohrenbetäubend. Händler preisen ihre Ware an, Kunden feilschen, Mütter rufen nach Kindern und Kinder rufen nach Essen und werden mit einem Stück Pizza, belegt mit Tomaten und gewürzt mit Kräutern, beruhigt. Giuliano Bugialli beschreibt in seinem Buch *Foods of Sicily and Sardinia* anschaulich, wie viele Männer auf Palermos Märkten für ihre Familien einkaufen, um ihre Frauen zu unterstützen, die zu Hause beschäftigt sind. Rote Markisen schützen die dicht gestapelten Lebensmittel vor der Sonne und werfen ein rosarotes Licht auf die Szene. Die Waren werden mit Eselskarren, Lastwagen und Trägern gebracht.

Überwältigend sind die Stände mit schwarzen, grünen, purpurnen und walnußbraunen Oliven, getrockneten Gewürzen, scharfen Peperoni und salzigen Kapern von der Insel Pantelleria – am eindrucksvollsten sind freilich die riesigen Thunfische, Schwertfische und andere Meeresfrüchte. Frische wird hochgeschätzt, und die vielen kleinen, zusammengerollten Fische zappeln noch. Dennoch – und trotz der salzigen Meeresluft – schnuppern die Käufer genau, suchen in den Kiemen die helle Röte des Blutes und prüfen mit den Fingerspitzen die Elastizität der Haut.

Auf italienischen Märkten gibt es weniger Imbisse als auf den Märkten anderer europäischer Länder. Immerhin bekommt man außer Pizza und Focaccia auch Obst und Käse und an den zahlreichen *salumerie* (Wurstständen) Sandwiches, Würste und eingelegtes Gemüse. Und die winzige, zur Hälfte mit mitternachtsschwarzem Espresso gefüllte Tasse ist in Italien ohnehin allgegenwärtig. In Sizilien ist immer eine *pasticceria* in der Nähe, in der man *cannoli* verspeisen kann, oder eine *gelateria*, in der dicke, sahnige, mit Eiern verfeinerte Eiscreme *in briocha* (einem dicken, süßen Brötchen) serviert wird.

Es gibt keinen typisch europäischen Markt – nicht einmal einen typisch italienischen. Die Märkte Italiens unterscheiden sich zwar deutlich von jenen in Frankreich oder Deutschland; aber auch auf dem Vucciria-Markt geht es ganz anders zu als auf dem gemächlichen Trüffelmarkt im Norden von Piemont oder dem recht geruhsamen San-Lorenzo-Markt in Florenz oder dem romantischen und gemütlichen Markt auf der antiken Piazza delle Erbe (»Kräuterplatz«) von Verona.

In München kauft man geräuchertes Fleisch, Schinken oder Wurst, um sie zu Hause oder mit einem Stück Brot sofort zu essen.

Auf dem Markt im alten Capo-Viertel von Palermo zeigt ein Händler stolz seinen kunstvoll arrangierten grünen Blumenkohl.

Europa

Typische Märkte

Frankreich

Rue Mouffetard, Paris – Eine lebhafte Marktstraße, in der viel um Preis und Qualität gefeilscht wird

Dupleix, Paris – Einer der vielen Fliegenden Märkte, die ihre Stände an bestimmten Tagen in verschiedenen Straßen aufbauen, hier am Boulevard de Grenelle

Trouville-sur-Mer – Ein Fischmarkt am Kai dieses Urlaubsortes in der Normandie

Lyon – Ein Bauernmarkt am Sonntag auf dem Quai des Célestins

Velleron – Ein typisch provenzalischer Bauernmarkt auf einem Parkplatz dieser Stadt an der Sorgue

Deutschland

Viktualienmarkt, München – Der malerische Markt, der seit 1807 jeden Wochentag im Stadtzentrum abgehalten wird

Christkindlmarkt, München – Dieser Markt auf dem Marienplatz ist typisch für die deutschen und österreichischen Weihnachtsmärkte.

Italien

Mercato del Tartufo, Alba – Der Markt für die berühmten, duftenden schwarzen und weißen Trüffel von Piemont. Er wird von Oktober bis Dezember täglich abgehalten.

Mercato della Vucciria, Capo-Markt und Ballarò-Markt in Palermo – Theatralische Märkte in der sizilianischen Hauptstadt, die täglich außer Sonntag stattfinden. Dort gibt es Lebensmittel aller Art.

Pisa – Ein quirliger Markt in den schmalen Gassen dieser toskanischen Stadt

Triest – Der Markt auf der Piazza Ponte Rosso, einem der wichtigsten Plätze in dieser Hafenstadt an der Adria

Der Wochenmarkt auf der Piazza Ponte Rosso in Triest.

Einem Land mit 265 verschiedenen Käsesorten
kann man keine Einheit aufzwingen.

In verschiedenen Versionen (und mit Erwähnung von bis zu 350 Käsesorten)
Winston Churchill, Charles de Gaulle und anderen zugeschrieben.

Einige Bauern, die ihre Produkte auf den Markt von Lyon bringen, stellen auch den köstlichen chèvre, Frankreichs berühmten Ziegenkäse, in kleinen Mengen her.

Das Aroma frischen Brotes erfüllt den Dupleix-Markt in Paris am Boulevard de Grenelle.

Brot

Le pain se lève – das Brot geht auf – war die geheime Parole der Bürger, die sich verschworen hatten, die Bastille zu stürmen. Brotknappheit hat in den Straßen vieler Länder schon oft zu Unruhen geführt, aber am berühmtesten ist die französische Revolution.
Es ist fraglich, ob die Franzosen das Brot höher schätzen als andere. Sicher ist, daß sie das Brotbacken zu einer Kunst gemacht und viele Variationen für verschiedene Mahlzeiten und Speisen geschaffen haben. In der Tat denkt so mancher, wenn er das Wort »Frankreich« hört, an einen kleinen Jungen oder ein kleines Mädchen mit einer langen, dünnen, knusprigen *baguette* unter dem Arm.
Vor einer Generation war köstliches Brot in ganz Frankreich eine Selbstverständlichkeit. Heute fordern moderne Produktionsmethoden leider ihren Tribut. Der Couturier Christian Lacroix sagte über das Brot und die Croissants im Land: »Heute muß man eine Adresse haben, um das Beste zu bekommen.«

Chèvres

Ziegenkäse

So erstaunlich die Zahl der französischen Käsesorten sein mag (selbst der römische Naturforscher Plinius der Ältere machte darüber eine Bemerkung), noch überraschender ist es wohl, daß es fast hundert Arten von Ziegenkäse gibt. Wie auch das maßgebliche Werk *Französischer Käse. 350 Sorten aus allen Regionen Frankreichs* von Kazuko Masui und Tomoko Yamanda belegt und klassifiziert, finden wir in Frankreich milden und sahnigen Ziegenkäse ebenso wie harten und stechend scharfen. Manche Sorten haben den säuerlichen Geschmack frischer Ziegenmilch, andere sind mit Kräutern oder mit schimmeligen Eichen- oder Kastanienblättern gewürzt, und einige werden mit weicher, salziger, grauschwarzer Asche überzogen.

Sie essen das Meer;
das heißt, jemand hat ihm
einen Schluck Wasser geraubt,
und Sie können sich beinahe erinnern –
an Nixen oder an den plötzlich
aufkommenden Algengeruch bei Ebbe
oder an ein Gedicht, das Sie
einmal gelesen haben,
an etwas, was mit dem Duft
des Lebens zu tun hatte …

Eleanor Clark in *The Oysters of Locmariaquer* über den Geschmack der bretonischen Armoricaine-Austern

Ein Fischhändler in Trouville-sur-Mer, einem Urlaubsort in der Normandie, zeigt stolz einen Rochen.

Frischer Fisch und frische Muscheln sind typisch für den Markt am Quai des Célestins in Lyon.

Moules au Gratin

Gratinierte Miesmuscheln mit Kräutern

Die wegen ihrer Meeresfrüchte – unter anderem Seezunge, Steinbutt, Makrelen, Langusten, Austern, Krabben – berühmte Normandie wird auch wegen ihrer glänzenden, salzigen Miesmuscheln geschätzt, die viele Fischgerichte garnieren. Kaufen Sie fest geschlossene, also lebende Muscheln, und meiden Sie zerbrochene oder auffällig schwere Exemplare, die meist mit Sand gefüllt sind. Da die Meere heutzutage verschmutzt sind, kaufen Sie am besten Muscheln aus einer Farm, selbst wenn sie etwas fader schmecken.

Für 6 pikante Vorspeisenportionen brauchen Sie 4 Pfund (fast 4 Liter) saubere Muscheln. Wässern Sie diese eine Stunde in Eiswasser, schrubben Sie die Schalen mit einer harten Bürste ab, und entfernen Sie die »Bärte«. Lassen Sie die Muscheln 7 bis 8 Minuten in einer zugedeckten Bratpfanne dünsten, in die Sie 1 Tasse Wasser gegossen haben. Dabei mehrmals schwenken. Werfen Sie alle Muscheln weg, die sich nicht geöffnet haben, ebenso die obere Schale der offenen. Nun sieben Sie die Flüssigkeit durch ein feines Sieb oder einen Kaffeefilter und bewahren sie auf. Verrühren Sie 1 Pfund weiche, ungesalzene Butter mit 2 Eßlöffel fein gehackten Schalotten, $^{2}/_{3}$ Tassen gehackter Petersilie, $^{1}/_{2}$ Teelöffel getrocknetem oder 1 Eßlöffel frischem, gehacktem Thymian, 1 Teelöffel Salz, einer Prise schwarzem Pfeffer und 1 Eßlöffel Calvados. Verdünnen Sie die Mischung mit einem Teil des Kochwassers, und bestreichen Sie die offenen Muscheln damit. Schieben Sie sie, bis die Kräuterbutter geschmolzen ist, auf einem Backblech ins obere Drittel des auf 220° C vorgeheizten Herdes. Verteilen Sie die Muscheln dann auf warmen Tellern, und servieren Sie dazu französisches Brot, um nichts von der kostbaren Butter zu vergeuden.

Faisan en Cocotte

Geschmorter Fasan

Ein Händler auf dem Dupleix-Markt in Paris verkauft Wild, Pasteten und andere bereits fertig zubereitete Gerichte.

Fasan schmeckt, wie die meisten Wildgeflügel, oft trocken und fade. Man kann ihn zwar braten, bis er nußbraun ist, aber er wird zarter und saftiger, wenn man ihn schmort. Ein 2 Pfund schwerer Fasan reicht für 2 Personen. Sengen Sie ihn ab, wenn nötig (um restliche Federn zu beseitigen), und spritzen Sie etwas Brandy in das gesäuberte Innere. Reiben Sie dann das Innere des Fasans mit Salz und Pfeffer ein. Binden Sie Beine und Flügel zusammen. Erhitzen Sie 2 Eßlöffel ungesalzene Butter und 1 Eßlöffel magere Speckwürfel oder gepökeltes Schweinefleisch in einem tiefen Schmortopf, in den der Fasan gerade noch hineinpaßt. Lassen Sie den Fasan langsam von allen Seiten bräunen, und nehmen Sie ihn dann heraus. Geben Sie 1/2 gehackte Zwiebel, 1 feingewürfelte Möhre und 2 gehackte Schalotten in den Topf, und rösten Sie die Mischung, bis sie goldgelb wird. Geben Sie dann 3 Eßlöffel Brandy hinzu. Stellen Sie die Hitze höher, so daß der Brandy verdampft. Legen Sie den Fasan auf die Seite über das Gemüse, und gießen Sie 1/2 Tasse Weißwein in den Topf. Bringen Sie das Ganze zum Kochen, und lassen Sie es im geschlossenen Topf bei geringer Hitze 45 bis 60 Minuten schmoren. Wenden Sie den Fasan ein- oder zweimal. Gießen Sie Wasser nach, wenn das Gemüse trocken wird. Wenn der Fasan zart ist, nehmen Sie ihn heraus, zerschneiden die Fäden und stellen ihn warm. Gießen Sie den Bratensaft durch ein Sieb in eine Soßenpfanne, und streichen Sie dabei möglichst viel Gemüse durch das Sieb. Schöpfen Sie das Fett ab, würzen Sie, und erhitzen Sie die Soße erneut. Vierteln Sie den Fasan, und servieren Sie pro Person eine Keule und ein Bruststück. Die Soße gießen Sie mit dem Löffel darüber. Servieren Sie mit geschmortem Kohl und Kartoffelbrei oder Bratkartoffeln oder wildem Reis. Einen besonderen Pfiff erhält das Gericht, wenn Sie 2 oder 3 dünne Scheiben schwarzen Trüffel zwischen Brust und Keule unter die Haut schieben, bevor Sie den Vogel würzen und binden.

Metzger auf dem Fliegenden Markt bieten neben den traditionellen Produkten auch Fertiggerichte aller Art an, zum Beispiel Paellas, schmackhafte Pasteten, Fleisch, Wurst und duftende Suppen.

Ein üppiger Stand mit Tomaten, Spargel, grünen Bohnen, Radieschen und Beeren auf einem Markt in der Rue Mouffetard, einem der älteren und beliebtesten Straßenmärkte von Paris.

Der quirlige Markt in Velleron, einer Stadt in der Provence an der Sorgue, beginnt am Nachmittag. Bauern arrangieren Lauch und anderes Gemüse auf Tischen vor ihren Lieferwagen.

Hausgemachte Apfelkuchen sind eine beliebte Delikatesse auf dem Markt von Lyon.

Ein farbenfroher Bauernmarkt in einer Straße in Lyon.

Tarte aux Pommes

Apfelkuchen

Für diesen Apfelkuchen nimmt man eine Apfelsorte, die ein wenig süß schmeckt. Kaufen Sie 2 Pfund ziemlich trockene Äpfel, zum Beispiel Golden Delicious. Schälen Sie sie, entfernen Sie das Kerngehäuse, und schneiden Sie sie senkrecht in dünne, gleichmäßige Scheiben. Braten Sie die Scheiben in 4 Eßlöffel Butter leicht goldbraun. Bestreuen Sie sie mit 1 Eßlöffel Zucker, und träufeln Sie einige Tropfen Calvados oder Armagnac darüber, und stellen Sie sie beiseite. Bereiten Sie einen weichen Mürbteig (mit Butter und einer Prise Zucker) vor, und legen Sie eine Kuchenform von etwa 20 cm Durchmesser mit dem ausgerollten Teig aus. Verteilen Sie die Apfelscheiben überlappend in konzentrischen Kreisen. Bestreichen Sie den Rand des Teigbodens mit dicker süßer Sahne. Backen Sie den Kuchen 25 bis 30 Minuten in einem auf 220° C vorgeheizten Ofen. Holen Sie ihn dann heraus, und übergießen Sie ihn mit dem zurückbehaltenen Saft. Schieben Sie den Kuchen erneut 2 oder 3 Minuten in den heißen Ofen. Servieren Sie heiß, warm oder kalt.

Der Christkindlmarkt

In den vier Wochen zwischen erstem Advent und Heiligabend strahlt in fast jeder deutschen und österreichischen Stadt (vor allem in München, Nürnberg, Wien und Salzburg) ein Weihnachtsmarkt. Auf diesen festlichen Märkten singen Chöre, der Glühwein duftet, und die Stände sind prall gefüllt mit Weihnachtsgeschenken, Christbaumschmuck, Gewürzkuchen, Marzipan und kleinen, aus Backpflaumen gebastelten Figuren von Nikolaus und Knecht Ruprecht. Münchens Markt auf dem Marienplatz im Schatten des Neuen Rathauses aus dem 19. Jahrhundert mit seinem munteren Glockenspiel ist vor allem wegen der dort angebotenen Krippen berühmt. Die faszinierendsten Figuren, in jeglicher Größe gefertigt, bestehen aus Holz, wie es sich für das Land des großen Holzschnitzers Tilman Riemenschneider (1460?–1531) gehört. Abends, wenn bunte Lichter in der eiskalten Luft schimmern, sieht Münchens Christkindlmarkt zauberhaft aus. Dieser älteste Weihnachtsmarkt Deutschlands wird seit 600 Jahren abgehalten.

Der alljährlich stattfindende Münchner Christkindlmarkt auf dem Marienplatz.

Davon träumten Hänsel und Gretel: Ein Stand voller Plätzchen, Christbaumschmuck und anderen verführerischen und leckeren Dingen.

Zimtsterne

Diese aromatischen Plätzchen gehören auf jeden Weihnachtsteller. In vielen Familien beginnt die Weihnachtsbäckerei gleich nach dem ersten Advent. Zimtsterne schmecken besonders gut zum würzigen Glühwein. Beide Stärkungsmittel werden auf den frostigen deutschen und österreichischen Weihnachtsmärkten angeboten.

Schlagen Sie das Eiweiß von 3 großen Eiern, bis es steif ist, und heben Sie dann nach und nach 1 1/2 Tassen Zucker unter, bis das Eiweiß glänzende Hügel bildet. Stellen Sie 1/2 Tasse der Masse beiseite, und geben Sie zu dem Rest 1 Eßlöffel Zimt, 1 1/2 Tassen gemahlene, nicht abgezogene Mandeln, 1/2 Teelöffel Mandelaroma und 1 Teelöffel Brandy. Vorsichtig unterheben. Fügen Sie weitere Mandeln hinzu (insgesamt etwa 1 Pfund), bis sich der Teig ausrollen läßt. Streuen Sie etwas Zucker oder gemahlene Nüsse auf ein Kuchenbrett, und rollen Sie den Teig mit einem Nudelholz auf 1/2 cm Dicke aus. Stechen Sie dann mit einer Sternform Plätzchen aus. Legen Sie sie im Abstand von 5 cm auf ein eingefettetes Backblech, und streichen Sie ein wenig Eiweiß darauf. Backen Sie die Sterne ungefähr 20 Minuten bei 150 °C im vorgeheizten Herd. Nach dem vollständigen Abkühlen bewahren Sie sie in einem luftdichten Behälter auf. Sie bekommen etwa 6 Dutzend Zimtsterne.

In Deutschland gibt es wahrscheinlich mehr Kartoffelsorten als in jedem anderen europäischen Land. Ein kleiner Laden auf dem Viktualienmarkt verkauft ausschließlich diese Knollen.

Bayerische Wintergemüsesuppe

Wurzelgemüse, Knollen und Kohl halten sich bei Kälte gut. Man kocht daraus viele deftige Wintergerichte, von denen keines herzhafter ist als diese bayerische Suppe. Verwenden sie nur festes Gemüse ohne welke oder weiche Stellen. Außerdem brauchen Sie einen 2 Pfund schweren festen Weißkohl, 3 mittelgroße Möhren, 2 oder 3 mittelgroße Stangen Lauch, 1 mittelgroße Zwiebel, 2 kleine weiße Steckrüben oder Kohlrabi, 2 große Kartoffeln und ein weiteres Wurzelgemüse, das Ihnen schmeckt, zum Beispiel 1 Pastinake, 1 Petersilienwurzel oder 1/2 kleinen Knollensellerie. Raspeln Sie den Kohl, schälen Sie das Gemüse, und schneiden Sie es in mundgerechte Stücke. Geben Sie es in einen Suppentopf, und gießen Sie 8 bis 10 Tassen Wasser oder Fleischbrühe dazu. Fügen Sie 1/2 Teelöffel getrockneten Majoran, 1 Lorbeerblatt, 1 Teelöffel Salz und 8 bis 10 schwarze Pfefferkörner hinzu. Bringen Sie das Ganze zum Kochen, und lassen Sie es dann halb zugedeckt köcheln, bis das Gemüse sehr zart ist (nach etwa 30 Minuten). Füllen Sie das Wasser während des Kochens auf.
Die Suppe wird aromatischer, wenn sie vor dem erneuten Erhitzen und Servieren wenigstens ein paar Stunden stehenbleibt. Um sie zu binden, können Sie einige Kartoffelstücke zerstampfen und kochen oder eine Mehlschwitze zubereiten, indem Sie 4 Eßlöffel Mehl in 4 Eßlöffel Butter leicht anschwitzen, in die kochende Suppe rühren und diese weitere 10 Minuten köcheln lassen. Schmecken Sie dann ab, und streuen Sie gehackte Petersilie auf die Suppe. Servieren Sie dazu italienisches Brot oder deutsche Brötchen.

Rosenkohl
Eigene Ernte
Tomaten
HKL. I
Paprika
Spanien
1,50

Die Gemüsestände auf dem Münchner Viktualienmarkt sind in den Wintermonaten von Plastikzeltwänden geschützt.

Der Tisch war gedeckt: Hier fand ich ganz
Die altgermanische Küche.
Sey mir gegrüßt, mein Sauerkraut,
Holdselig sind deine Gerüche!

»Ode an das Sauerkraut« aus *Deutschland. Ein Wintermärchen*
von Heinrich Heine

Ein Käseladen auf dem Ballarò-Markt in Palermo.

Der beliebte Mercato della Vucciria wird im Herzen von Palermo in winkligen Gassen abgehalten. An diesem einladenden Stand werden Oliven, Eßkastanien, Paprika und Olivenöl verkauft.

Köstlichkeiten mit weißen Trüffeln

Der im 15. Jahrhundert lebende Gastronom und Autor Bartolomeo de Sacchi de Piadena, besser bekannt als Platina, schrieb über Feste, auf denen Trüffel als Aphrodisiaka serviert wurden:
»So dies um der Fortpflanzung willen geschieht, ist es lobenswert. Wird es aber aus Lüsternheit getan (wie bei den Faulen und Unmäßigen), ist es ganz und gar widerwärtig« (aus *Von der Eerlichen zimlichen auch erlaubten Wolust des Leibs*, 1475, dem ältesten gedruckten Kochbuch, das wir kennen).
Man findet in den Bergen von Piemont zwar auch einige schwarze Trüffel (die viel eher eine Spezialität Umbriens sind); aber die weißen – sie sind in Wirklichkeit gelblichbraun – werden höher geschätzt. Sie haben ein kräftigeres Aroma, das bisweilen als »pubeszent« beschrieben wird, und einen Geschmack, der an reifen Camembert, Blumenkohl und Antike erinnert. Kaufen Sie Trüffel, die glatt (ohne Schmutztaschen), fest und ohne Wurmlöcher sind und wenig Flecken haben. Sie sollten nicht zu lange an der Luft liegen, sondern in Arborio-Reis, der aus derselben Region stammt, aufbewahrt werden. Der Reis schützt sie vor Luft und Feuchtigkeit und nimmt ihr Aroma auf, so daß man ihn dann als Grundlage für ein Risotto verwenden kann. Besorgen Sie sich einen Trüffelschäler, damit Sie die Haut von diesen teuren Knollen hauchdünn entfernen können.
Trüffel werden selten gekocht. Man schält sie roh und ißt sie zu solchen Gerichten, in denen sie gut zur Geltung kommen: auf Omeletts und Rührei, auf Fettuccine mit Butter und geriebenem Parmesan, in Salaten mit wilden Pilzen – zum Beispiel *òvoli* und Pfifferlinge – oder mit Spargel und Sellerie. Man legt sie auch auf einen mit Butter bestrichenen Teller und bäckt sie unter einer Schicht Fontina. Dieser butterzarte, halbfeste Käse schmeckt von Natur aus ein wenig nach Trüffel.
Außerdem sind weiße Trüffel der wichtigste Bestandteil im klassischen piemontesischen Risotto.

Der bekannte Mercato del Tartufo wird von Oktober bis Dezember in Alba, dem berühmten Trüffelzentrum von Piemont, abgehalten. Jeder einzelne Trüffel ist mit einem umwerfend hohen Preis ausgezeichnet.

Einen aromatischen weißen Trüffel muß man untersuchen, anfassen und beschnüffeln, um seine Qualität festzustellen.

Pescespada Messinese

Schwertfisch nach messinischer Art

Dieses Gericht heißt auch *pescespada ghiotta* nach der pikanten Tomatensoße mit Kapern und Oliven, zwei ebenfalls beliebten Zutaten in Sizilien. Kaufen Sie frischen Schwertfisch mit weißem Fleisch und unversehrter Haut. Es ist am besten, wenn der Fischhändler Ihnen Scheiben zurechtschneidet.

Für 6 Portionen brauchen Sie 6 dünne Scheiben (ungefähr 2 Pfund). Streuen Sie grobes Salz darauf, und lassen Sie sie ziehen, während Sie die Soße zubereiten. Erhitzen Sie 1/2 Tasse Olivenöl in einer tiefen Bratpfanne, und dünsten Sie darin 1 mittelgroße gehackte Zwiebel, 2/3 Tassen gehackten Sellerie und 1/2 Tasse gehackte Petersilie an. Rühren Sie 2 Tassen reine Tomaten- oder Marinarasoße ein, und bringen Sie das Ganze zum Kochen. Legen Sie den abgespülten und trockengetupften Fisch in die Pfanne. Drehen Sie ihn, damit er ganz von der Soße bedeckt ist. Fügen Sie 1 Tasse schwarze sizilianische Oliven ohne Kerne, 1/2 Tasse entkernte grüne Oliven und 6 Eßlöffel abgespülte Kapern hinzu. Decken Sie die Pfanne zu, und lassen Sie den Fisch 8 Minuten leicht kochen. Legen Sie dann 2 geschälte und in Scheiben geschnittene Kartoffeln dazu, und lassen Sie das Ganze noch einige Minuten kochen, bis der Fisch gar ist und die Kartoffeln heiß sind. Fügen Sie etwas Wasser hinzu, wenn die Soße anzubrennen droht. Streuen Sie einige wenige Stückchen scharfe rote Peperoncini hinein, wenn Sie mögen (schwarzer Pfeffer ist milder). Dieses Gericht schmeckt heiß oder warm.

Fisch wird im Hafen von Palermo täglich verkauft. Eine überwältigende Vielfalt von Meeresfrüchten ist dort erhältlich.

Schwertfisch bietet in Palermo einen eindrucksvollen Anblick. Bei Tagesbeginn ist er noch ganz und reckt sein Schwert stolz empor. Abends ist nur noch sein Kopf übrig. Auch sizilianischer Thunfisch ist auf der ganzen Welt berühmt.

Tonno

Thunfisch

Dieser Fisch mit rosa Fleisch ist in ganz Italien beliebt. Thunfisch – man kauft ihn meist in Dosen mit reinem Olivenöl – wird als Vorspeise mit weißen Bohnen oder auf knackigem, krausblättrigem Salat oder Senfkohl serviert. Man kann ihn auch in einer Nudelsoße mit Tomaten und Erbsen erhitzen. Am köstlichsten – besonders in Sizilien – ist jedoch frischer Thunfisch, der mit Kräuterolivenöl bestrichen und auf einer heißen Eisen- oder Steinplatte rasch angebraten wird. *Ventresca*, das saftige Bauchfleisch, ist das teuerste Stück und schwer zu bekommen, weil die Japaner es ebenfalls bevorzugen – sie machen aus diesem hellen, fetten Teil, den sie *toro* nennen, ihr Sushi und Sashimi. Jedes Jahr reisen japanische Einkäufer nach Sizilien und zu allen wichtigen Thunfischmärkten der Welt und bieten viel Geld für die *ventresca*. Lassen Sie sich Scheiben von einem großen, saftigen Stück abschneiden.

Ein sizilianischer Händler.

Die Metzger auf dem Ballarò-Markt in Palermo schneiden Kalb-, Ziegen-, Lamm- und Schweinefleisch vor den Augen ihrer Kunden, damit diese sich von der Frische überzeugen können.

Agnello al Forno

Gebratenes Lammfleisch

Capretto – Fleisch vom Zicklein – wird oft wie Lammfleisch zubereitet. Rechnen Sie 1/2 Pfund zartes Lamm- oder 1/2 Pfund Ziegenfleisch pro Person (dieses hat mehr Knochen). Italiener, vor allem Süditaliener, bevorzugen das Fleisch gut durchgebraten, fast löffelzart. Reiben Sie eine 4 bis 5 Pfund schwere Lammkeule mit 1/2 Tasse Olivenöl, Salz, Pfeffer und je 1 Teelöffel gehackten Rosmarinnadeln und getrocknetem oder frischem Thymian ein, und belegen Sie sie mit ein paar dünnen Knoblauchscheiben, wenn Sie mögen. Legen Sie die Keule in einen offenen Bräter, und braten Sie sie bei 180 °C im vorgeheizten Ofen. Pro Pfund Fleisch sollten Sie von 25 Minuten Garzeit ausgehen. Wenn das Fleisch sehr gut durchgebraten sein soll, rechnen Sie pro Pfund 30 Minuten und decken den Bräter während der zweiten Hälfte der Garzeit zu.

Gießen Sie mehrere Male Bratensaft über die Keule, außerdem Wasser oder trockenen Weißwein. Zum Servieren schneiden Sie das Fleisch in dünne Scheiben und übergießen diese mit Bratensaft, in den Sie etwas frischen Zitronensaft geträufelt haben. Das Gericht schmeckt am besten mit Bratkartoffeln und gekochten Artischockenherzen.

Die saftige Kaktusfeige sieht fast künstlich aus. Sie ist überall in Sizilien beliebt.

Kaktusfeigen

Die Farbe dieser stacheligen Beerenfrüchte des Feigenkaktus variiert von hellgrün bis tiefrot. Sie sehen aus, als seien sie künstlich und haben Marzipanhersteller inspiriert. Man ißt sie meist aus der Hand, und Kenner verspeisen auch die vielen Samen. Mit Bananen, Ananas, Weintrauben und Orangen sind sie eine erfrischende Zutat in Obstsalaten. Likör, etwas Zucker oder Honig und Zitronensaft eignen sich als Soße. Man kann geschälte und pürierte Kaktusfeigen in kühle alkoholische oder alkoholfreie Getränke schlagen. Reife Kaktusfeigen geben ein wenig nach, wenn man sie drückt; aber sie sollten nicht breiig, schimmelig, verblaßt oder welk sein.

Ein üppiger Gemüsestand auf dem Markt von Triest am frühen Morgen.

MELE
3200
KG
3200
DE CEGLIE
ANTONIO
La Palma d'Oro
ALTO ADIGE

Lateinamerika

SIRVASE
Coca-Cola
Coke
Chocolate
Beer
PLAZA DE ARMAS

Lateinamerika

Lateinamerika

Vorige Seiten: Der Markt in Pisac, Peru, ist bekannt für die dort erhältlichen Lebensmittel, Kleider, kunstgewerblichen Artikel und andere Produkte.

Der Mercado de la Merced in Mexico City befindet sich in einer der größten Markthallen der Welt.

Unter den ersten Besuchern, die von den Märkten im heutigen Lateinamerika geblendet waren, befanden sich Hernán Cortés und seine spanischen Soldaten und Prälaten, die 1519 von Kuba aus mit der Eroberung begannen. Bernardino de Sahagún, ein Franziskanermönch, der 1529 eintraf, beschrieb das Gewimmel und die enorme Warenvielfalt auf dem Markt der aztekischen Hauptstadt Tenochtitlán, die heute Mexico City heißt. In seiner umfangreichen *Historia General de las Cosas de Nueva España* schilderte er ehrfürchtig, wie genau dieser Markt gegliedert war: Es gab separate Abschnitte für Juwelen, Gold und Silber, Federn, Körbe, Stoffe, Kleidung und vor allem für Lebensmittel – ein wahrer Supermarkt. Mit Sahagúns Worten könnte man auch den riesigen und aufregenden Mercado de la Merced in Mexico City beschreiben: Tortillaverkäufer formen Fladen aus Mais-

Der Wochenmarkt im guatemaltekischen Dorf Nahualá wird auf dem größten Platz vor der Kirche abgehalten.

Dorfbewohnerinnen schwatzen auf dem Markt in San Francisco el Alto in Guatemala

teig, backen sie auf gußeisernen Platten und bieten sie ohne Zutat oder gefüllt mit geschmortem Fleisch oder Bohnen an; es gibt Myriaden von scharfen Chilis und getrockneten Bohnen, Wurzeln und tropischen Früchten in allen Farben.

Ähnlich sah der Markt der Inkas in Cuzco aus, den der spanische Eroberer Francisco Pizarro nach seiner Ankunft im Jahre 1533 besuchte. Er und seine Männer waren erstaunt über die Chilis und die roten, weißen, gelben, purpurnen und schwarzen Kartoffeln, welche die Inkas auf jede erdenkliche Weise zubereiteten – so wie die heutigen Peruaner, die auf den Märkten von Lima, Cuzco, Chincheros und Pisac einkaufen.

Das indianische Erbe ist auf den Märkten von Peru und Guatemala immer noch sichtbar, vor allem auf den Hochebenen, wo die Indianer überwiegen. In Pisac, einem Dorf im Heiligen Tal der Inkas hoch oben in den Anden, verhandeln Verkäufer und Kunden in Quechua, der Sprache ihrer Ahnen, der Inkas. In der guatemaltekischen Stadt Soloá und in den Dörfern am See Atitlán begegnet man Nachkommen der Mayas in traditionellen, farbenprächtigen Kleidern aus Stoffen, deren Webmuster und Stil in jedem Dorf anders sind.

Wer heute über die üppigen Märkte von Mittel- und Südamerika geht, kann die Geschichte der Eroberung und Kolonisation an den angebotenen Lebensmitteln ablesen. Die Spanier und Portugiesen fügten den einheimischen Produkten von Mexiko, Peru, Argentinien, Kolumbien, Chile, Bolivien und Brasilien domestizierte Haustiere, zum Beispiel Hühner und Schweine, hinzu (seither wird dort Schweineschmalz als Kochfett verwendet, und man ißt überall Schweineschwarte oder *chicharrónes*). Außerdem brachten sie Reis, Knoblauch, Zwiebeln, viele Früchte und Gemüse sowie Gewürze, die heute in der lateinamerikanischen Küche als unentbehrlich gelten, mit ins Land. Die Europäer wurden ihrerseits durch die Grundnahrungsmittel der Neuen Welt bereichert: Mais, Kartoffeln, Tomaten, Erdnüsse, Cashewnüsse, Kakao und vieles mehr.

Hinzu kamen Hunderte von Jahren später afrikanische Produkte, die Sklaven mitbrachten, vor allem nach Brasilien. Dieses afrikanische Erbe ist nirgendwo auffälliger als in der tropischen Hafenstadt Salvador, einst Bahia genannt. Diese Hauptstadt des kolonialen Brasiliens, von Zuckerplantagen umgeben, war früher das Zentrum des Sklavenhandels. Die Sklaven bauten Pflanzen an, die ihnen vertraut waren – Yams, Kokosnüsse und Bananen –, und führten Okra, viele Gewürze und das dicke gelbrote Dendê-Palmöl ein, das in der Bahiaküche immer noch bevorzugt verwendet wird – wer nicht daran gewöhnt ist, hat Mühe, es zu verdauen. Die Afrikaner fanden an der nahrhaften und vielseitigen Cassava- oder Maniokwurzel Gefallen, die in Lateinamerika auch *yuca* heißt. Daraus gewinnt man das Verdickungsmittel Tapioka. Diese wichtige Wurzel ist auch die Grundlage des Breis, den man *farofa* nennt. Er wird als Beilage zu *feijoada* serviert, dem schmackhaften brasilianischen Gericht aus Bohnen und Fleisch. In einigen Teilen Lateinamerikas und im Süden der USA waren afrikanische Sklaven Köche, und ihre kunstvoll gewürzten Speisen beeinflußten die lokale Küche und natürlich auch das Kochgeschirr und die Lebensmittel, die auf Märkten verkauft wurden.

Hungrige Käufer werden auf lateinamerikanischen Märkten in *comedores* satt. Das sind Imbißbuden, die billige, einfache Mahlzeiten für den sofortigen Verzehr oder zum Mitnehmen bereiten. Die Köche auf den heutigen Märkten sind gewissermaßen die Nachfahren der Händler, die im 16. Jahrhundert – zum Entzücken der Spanier – Tortillas und gegrilltes Fleisch verkauften, aber auch die jener Händler auf den frühmorgens stattfindenden Fischmärkten in Bahia im Jahre 1925, die Jorge Amado in *Gabriela wie Zimt und Nelken* so beschreibt:

> »Negerfrauen verkauften Maisbrei, Maiskolben, Tapiokakuchen und gedünsteten Reis mit Kokosmilch … und die Fischer kamen mit Körben voller Rubalos und Goldmakrelen, die im Morgenlicht wie silberne Klingen glänzten.«

Heute wird lateinamerikanisches Obst und Gemüse nicht nur in den Vereinigten Staaten und in Europa immer beliebter, und man sollte meinen, daß es uns daher in den Herkunftsländern nicht mehr so exotisch vorkommt. Doch die Präsentation dieser Waren, die Gewürze, die sie umgeben, und vor allem der Elan und der Stil der Händler und Kunden sind romantisch und aufregend – eine Kombination die man, wie edlen Wein, kaum exportieren kann.

Ein salvadorianischer Junge verkauft süßsaure Acerolakirschen, aus denen Saft gemacht wird.

Ein Lastwagen mit Mangos kommt auf dem São-Joaquim-Markt in Salvador, Brasilien, an.

FARMACIA CENTRAL
CENTRAL LAS NOCHECITAS

Typische Märkte

Mexiko

Mercado de la Merced, Mexico City – Einer der größten überdachten Lebensmittelmärkte der Welt in mehreren modernen Gebäuden östlich des Zócalo, dem zentralen Platz der Stadt

Guatemala

Chichicastenango – Ein großer Markt für indianisches Kunsthandwerk, Textilien, Kurzwaren und Lebensmittel in dieser Hochlandstadt. Er wird donnerstags und samstags abgehalten.

San Francisco el Alto – Der größte Wochenmarkt des Landes. Er lockt jeden Freitag Händler und Käufer aus dem ganzen Quezaltenango-Tal an. Im größten Einkaufszentrum der Stadt werden Lebensmittel, Textilien, Töpferwaren und andere Produkte verkauft, und auf einem Plateau oberhalb der Stadt gibt es einen Viehmarkt.

Sololá – Der regionale Markt in dieser farbenprächtigen indianischen Stadt in der Nähe des Atitlán-Sees wird dienstags und freitags abgehalten.

Nahualá – Ein kleiner lokaler Markt in dieser Hochlandstadt, der an Donnerstagen und Freitagen stattfindet

Peru

Mercado Central, Lima – Ein großer Markt, der ein ganzes Häuserviertel samt den umliegenden Straßen einnimmt

Pisac – Der Sonntagsmarkt in diesem Andendorf nördlich von Cuzco

Brasilien

Rio de Janeiro – Ein täglich an anderem Ort abgehaltener Fliegender Markt, hier im vornehmen Urlaubsvorort Ipanema

Mercado São Joaquim, Salvador (Bahia) – Ein großer, täglich stattfindender Markt in der tropischen Hafenstadt. Angeboten werden Meeresfrüchte, Obst und Gemüse auf *barracas* (Ständen) am Meeresufer.

Einer der größten und attraktivsten Märkte Guatemalas wird in San Francisco el Alto, einer Stadt im Quezaltenango-Tal, abgehalten.

ANCHO
N$ 14
ANCHO
MULATO
ARBOL
N$ 15 00
TAMARINDO
NUEVO
GUAJILLO
PRIMERA

Lateinamerika

Scharfe Chilis

Chilischoten, Mitglieder der Familie Capiscum, sind die grimmigen Vettern der lieblichen Paprikaschoten, und wie diese werden sie milder, wenn sie erröten. Wegen ihrer flüchtigen Öle muß man mit frischen und getrockneten Schoten vorsichtig umgehen. Die getrockneten sind meist schärfer. Wenn Sie es sehr scharf mögen, lassen Sie die Samen drin. Die folgenden Arten kommen in Lateinamerika am häufigsten vor:

Cascabel – Feste, kirschförmige Schote, rötlichbraun (getrocknet), mäßig scharf.

Cayenne – Klein bis mittelgroß, lang und dünn, rot oder grün, einem Knallfrosch ähnlich und immer scharf.

Cherry – Grün bis rot, süß bis mild. Eine runde Schote, die in Salzlake serviert wird.

Chilaca oder Pasilla – Der erste Name dieser langen, dünnen Schote meint die frische, dunkelgrüne Frucht, der zweite die getrocknete, rauchschwarze. Beide sind mäßig scharf.

Chilacate – Der mexikanische Name für die auch in New Mexico angebaute, getrocknete lange, grüne oder rote Chili. Mäßig scharf. Im Südwesten der USA für *chiles rellenos* verwendet.

Chipotle – Alle Chilis, die scharf sind und im Rauch getrocknet wurden.

Habanero – Fast rund mit kleiner Spitze unten. Grün, orange oder rot. Extrem scharf.

Hontanka – Dünn, verschrumpelt, feurig rot. Stammt aus Japan und ist in Lateinamerika sehr beliebt.

Jalapeño – Grün bis rot, breit, länglich, kegelförmig. Heute werden auch mildere Sorten angebaut, für alle diejenigen, die Chilis nur ohne Schärfe mögen.

Mirasol oder Guajillo – Breite, ovale Schote. Der erste Name meint die frische Frucht, die bronze- bis terrakottafarben ist, der zweite die getrocknete, rötlichbraune.

Pimenta de Malagueta oder Vogelchili – Sehr klein, grün bis rot, sehr scharf. Wird in Brasilien in Soßen gestreut, um das Nationalgericht *feijoada* zu würzen.

Poblano oder Ancho – Breite, dicke Schote. Der erste Name meint die frische, dunkelgrüne Frucht, der zweite die getrocknete, rötlichbraune. Beide sind mäßig scharf und sehr aromatisch. Poblanos verwendet man in Mexiko und Guatemala für *chiles rellenos*.

Scotch Bonnet – Eine winzige, laternenförmige Schote, grün bis orange. Höllisch scharf.

Serrano – Eine kleine, längliche Schote. Scharf bis sehr scharf.

Tabasco – Klein, länglich, oval, gelb bis rot, sehr scharf.

Chilis aller Art – frisch und getrocknet, mild oder beißend scharf – werden auf Märkten in Mexiko und Lateinamerika angeboten.

Frischer oder getrockneter Mais und Maismehl für Tortillas sind wichtige Bestandteile der lateinamerikanischen Küche.

Aztekische Tortillasuppe

Knusprige Tortillas geben dieser farbenfrohen Suppe Substanz. Erhitzen Sie 1/2 Tasse helles Oliven- oder Maisöl in einer kleinen Bratpfanne, und dünsten Sie darin ca. 5 Minuten 2 gehackte Knoblauchzehen, 1 mittelgroße gehackte Zwiebel und 1 gehackte Jalapeño, frisch oder aus der Dose. Geben Sie alles in 2 Liter kochende, gut gewürzte Hühnerbrühe, und fügen Sie 2 Tassen gekochte Hühnerbrust, in Würfel geschnitten, und 2 frische geschälte Tomaten, ohne Kerne und gehackt, hinzu. Lassen Sie das Ganze 15 Minuten köcheln, und würzen Sie dann nach Belieben mit Salz und Pfeffer. Schneiden Sie, während die Suppe kocht, 6 Maistortillas in schmale Streifen, und braten Sie diese langsam in 3 Eßlöffel Oliven- oder Maisöl gleichmäßig goldbraun. Braten Sie immer nur eine Schicht, und lassen Sie sie auf einem Papiertuch abtropfen. Gießen Sie die Suppe in warme Schalen, und garnieren Sie mit den Tortillastreifen, gehackten grünen oder roten Chili und frischen Korianderblättern. Stellen Sie auch Zitronenschnitze und saure Sahne auf den Tisch.

Frisch gegrillter Mais ist überall in Mexiko ein beliebter Imbiß.

Ein ganzer Straßenzug von La Merced in Mexico City ist den nopales vorbehalten, saftigen Kaktusblättern, die in der mexikanischen Küche vielseitig verwendbar sind.

Kaktus

Nopales, die breiten, dünnen »Paddel« des Feigenkaktus, schmecken köstlich, wenn man sie dünstet oder brät und in Salate, Soßen oder Süßigkeiten mischt. An Aroma und Zähigkeit gleichen sie den Okra; man kann sie auch roh essen. Es ist ein wenig heikel, die Stacheln zu entfernen, aber Kenner scheuen die Mühe nicht. Die nahrhafte Pflanze wird neuerdings zur Behandlung von Altersdiabetes verwendet. Auf vielen Märkten werden die *nopales* bereits geschält angeboten. Die ovale, stachelige Frucht der Pflanze, die Kaktusfeige, wird aus der Hand gegessen oder in Salate geschnitten; den Saft mischt man in Getränke.

Auf dem Markt in Sololà werden Kohlköpfe in einen LKW geladen.

Die Frauen von Sololà, Nachkommen der Mayas, tragen nach traditionellem Muster gewebte Kleider.

Eine guatemaltekische Frau verkauft die Hauptzutaten für frijoles negros.

Frijoles Negros

Schwarze Bohnen

Schwarze Bohnen, die schmackhaftesten aller getrockneten Bohnen, bringen am Neujahrstag Glück, so glaubt man vor allem in Kuba, wo man sie mit weißem Reis in einem Gericht serviert, das *Moros y Cristianos* (Mauren und Christen) heißt. In Brasilien sind schwarze Bohnen mit frischem und geräuchertem Rind- und Schweinefleisch das Nationalgericht, *feijoada*. In Mexiko und Guatemala zerstampft man die gekochten Bohnen, brät die Masse mit Zwiebeln, Knoblauch und Tomaten in Schweineschmalz und gibt diese *frijoles refritos* in gebratene Tortillas oder garniert damit *huevos rancheros.* Die meisten getrockneten Bohnen muß man nur kurz einweichen. Unbehandelte Bohnen können Sie über Nacht in kaltem Wasser quellen lassen und dann kochen. Beginnen Sie mit 2 Tassen Bohnen. Vor dem Einweichen oder Kochen waschen Sie sie (wechseln Sie das Wasser mehrmals) und entfernen verschrumpelte Bohnen und Steine. Geben Sie die Bohnen in einen Topf, und fügen Sie ein kleines Stück Knochenschinken und/oder ein Stück Räucherschinken hinzu. (Vegetarier können den Schinken weglassen – dabei geht nur wenig Aroma verloren.) Gießen Sie 6 oder 7 Tassen Wasser darüber, und bringen Sie es zum Kochen. Schöpfen Sie den Schaum ab, reduzieren Sie die Hitze, und geben Sie folgende Zutaten hinein: 2 Lorbeerblätter oder einen Zweig Beifuß, 1 mittelgroße, gehackte Zwiebel und 1 oder 2 frische Chili aus der Dose (Jalapeño oder Serrano). Lassen Sie das Ganze 1 Stunde im geschlossenen Topf köcheln. Rühren Sie gelegentlich um, und gießen Sie Wasser nach, wenn die Bohnen anzubrennen drohen. Salzen Sie nach Belieben, und fügen Sie 2 Eßlöffel Schmalz oder Maisöl hinzu. Nach weiteren $1^1/_2$ Stunden sind die Bohnen weich, und die Mischung ist ziemlich trocken. Sie können nun den Schinken würfeln und wieder unter die Bohnen mischen, und wenn Sie wollen, rühren Sie ein paar Eßlöffel dunklen Rum ein. Wenn Sie es noch aromatischer mögen, dünsten Sie etwas Knoblauch, Zwiebeln und gehackte Tomaten in wenig Öl, und rühren Sie alles in die gekochten Bohnen. Servieren Sie dazu weißen Reis.

Eine Bäuerin bringt Schweine auf den Viehmarkt in San Francisco el Alto.

Auf dem Heimweg vom Markt in Nahualá mit einem Korb Hühner.

Auf dem Weg zum Markt.

Jedes Dorf in Guatemala hat seine eigene typische, farbenprächtige Tracht. Dieser Junge trägt einen Hut mit breiter Krempe, wie ihn viele Männer in Sololá bevorzugen.

Ein Gemüsestand auf dem Markt in Chichicastenango.

Das peruanische Dorf Pisac im Heiligen Tal der Inkas bei Cuzco ist jeden Sonntag Schauplatz eines gern besuchten Marktes. Stände mit blauen Zelt-dächern füllen den größten Platz.

Zwei Indianerinnen kaufen Äpfel auf dem Markt in Pisca.

Kartoffeln sind in Peru ein Grundnahrungsmittel. Auf dem Mercado Central in Lima können Käufer aus vielen verschiedenen Sorten auswählen.

Ein ruhiger Augenblick auf dem Fischmarkt in Salvador.

Ceviche

Dieses in ganz Lateinamerika beliebte Gericht sollte man mit Kammuscheln oder Salzwasserfisch bereiten. Süßwasserfisch enthält Parasiten, die nur durch Kochen abgetötet werden.

Für 6 Vorspeisen-Portionen brauchen Sie wahlweise 2 Pfund Kammuscheln, Heilbutt, Seezunge, Seebarsch, Thunfisch oder Schwertfisch. Schneiden Sie den Fisch in knapp 1 1/2 cm breite und 5 cm lange Streifen, große Muscheln in Scheiben. Geben Sie Fisch oder Muscheln auf einen Teller, und fügen Sie 1/2 Tasse Limonensaft, 2 Eßlöffel Zitronensaft und eine kleine Prise Salz hinzu. Lassen Sie alles 3 Stunden im Kühlschrank unter mehrmaligem Wenden marinieren. Tupfen Sie dann den Fisch mit einem Papiertuch trocken. Legen Sie die Scheiben auf den Teller zurück, und geben Sie darauf eine Mischung aus 2 Eßlöffeln fein gehackten roten Zwiebeln, 3 frischen, reifen Tomaten (geschält und gehackt, ohne Kerne), 1 oder 2 frischen roten oder grünen Jalapeños oder Serranos (gehackt, ohne Samen), einigen Tropfen frischen Limonensaft und, wenn gewünscht, ein wenig Olivenöl. Kühlen Sie das Ganze weitere 30 Minuten, servieren Sie es jedoch bei Zimmertemperatur, garniert mit Korianderblättern oder gehackter Petersilie. Sie können das Gericht auch mit Orangensaft, Kreuzkümmelpulver und Thymian würzen.

Camarao Baiana

Bahia-Shrimps in Kokosnußsoße

Für 6 Personen brauchen Sie 2 Pfund (etwa 40 Stück) frische, große Krabben (Shrimps), ohne Schale und ohne die große, dunkle Rückenader. Kochen Sie die Schalen 10 Minuten in 1 1/2 Tassen Wasser aus, werfen Sie sie weg, und stellen Sie das Wasser beiseite. Lassen Sie die Shrimps 20 bis 30 Minuten bei Zimmertemperatur in einer Marinade aus folgenden Zutaten ziehen:
1/2 Tasse Limonensaft, 1 Teelöffel Salz, 1/2 Teelöffel frisch gemahlener schwarzer Pfeffer und 2 oder 3 zerquetschte Knoblauchzehen. Dünsten Sie in 1/3 Tasse hellem Öl, zum Beispiel Mais- oder Erdnußöl, eine große, fein gehackte Zwiebel und 4 gehackte Frühlingszwiebeln. Rühren Sie 1/2 Tasse gehackte Tomaten und die Hälfte der Kochflüssigkeit ein, und gießen Sie Wasser nach, um Anbrennen zu verhindern. Lassen Sie das Ganze 8 Minuten kochen, bis es glatt und dick ist, und rühren Sie dann 1 1/2 Tassen frische Kokosmilch unter (Kokosmilch aus der Dose ist ein annehmbarer Ersatz). Fügen Sie die Shrimps und die Marinade hinzu, und lassen Sie das Gericht 5 Minuten köcheln. Würzen Sie, und servieren Sie auf weißem Reis.

Frisch gefangene große Shrimps.

An einem überquellenden Stand auf dem São-Joaquim-Markt in Salvador kann man Obst, Gemüse, Chilisoßen und Dendê-Palmöl kaufen – alles unentbehrlich in der brasilianischen Küche.

Auf dem Markt in Ipanema liegen ordentlich gestapelte Früchte und Gemüse vor der Sonne geschützt.

Tropische Früchte werden auf den meisten brasilianischen Märkten auf Bestellung zu Saft gepreßt.

Fruchtsäfte

Bei der Fülle von farbenprächtigen Früchten, die es in Lateinamerika gibt, ist es kein Wunder, daß auch ihre Säfte beliebt sind. Auf Märkten, in Cafés und an kleinen Straßenständen kann man Säfte aller Art kaufen: Ananas, Mango, Papaya, Banane, Orange, Limone, Zitrone, Zuckerrohr, Acerola, Granadille, Cherimoya, Acajouapfel und Kokosnuß.

Der weiche, birnenförmige Fruchtstiel der Acajounuß (Cashewnuß) kann weiß, gelb oder rot sein (Acajouapfel).
Er wird wegen seines durststillenden, süßsauren Saftes geschätzt. Die Kokosnuß enthält eine dünne, erfrischende Milch, die man an den Ständen von Rio de Janeiro aus einer gekühlten, angebohrten Kokosnuß trinkt.

Die palästinensische Stadt Jericho ist eine duftende Oase, voller Dattelpalmen, Bougainvilleen und tropischen Früchten.

Aufstrich aus gewürzten Datteln und Nüssen

Datteln gehören zu den ältesten Nahrungsmitteln des Menschen und waren, wie das Alte Testament berichtet, wichtige Früchte für ein wahres Paradies auf Erden. Reisende in der Wüste schätzen sie sehr, weil ihr hoher Wassergehalt den Durst löscht und ihr Zucker Energie liefert. Haine aus anmutigen Dattelpalmen mit herabhängenden Dolden voller grüngoldener Früchte zieren fast überall im Nahen Osten die Landschaften, und Datteln werden auf allen Märkten angeboten.

Sephardische Juden essen am Pessachfest einen süßen, duftenden Brei aus Datteln und Nüssen, der den Mörtel symbolisiert, mit dem der Tempel Salomons gebaut wurde. Die Zutaten dieses im ganzen Nahen Osten beliebten Aufstrichs hängen von der Region und vom Koch ab. Er schmeckt köstlich auf heißem Gebäck oder zu heißem Tee.

Wenn Sie auch getrocknete Feigen als Zutat mögen, weichen Sie $1/2$ Tasse aufgeschnittene Feigen 20 Minuten in $1/2$ Tasse heißem Rotwein ein, bis sie so weich sind, daß man sie zerreiben kann. Stellen Sie den Wein beiseite. Entfernen Sie die Steine aus 3 Tassen Datteln (wenn Sie auch Feigen verwenden, nehmen Sie $1/2$ Tasse Datteln weniger). Verarbeiten Sie die Früchte zusammen mit $1/3$ Tasse dunklen Rosinen, $1/3$ Tasse Walnüsse, $1/3$ Tasse blanchierten Mandeln, 2 Eßlöffel Rotwein, $1/2$ Teelöffel Zimt, einer kleinen Prise Nelken und Ingwerpulver sowie einer kleinen Prise gemahlenem schwarzem Pfeffer in einer Küchenmaschine zu einer dicken Paste. Geben Sie etwas Wein hinzu, wenn nötig, und würzen Sie nach Belieben.

Füllen Sie die Mischung in ein Tongefäß, und Stellen Sie sie vor dem Servieren 24 Stunden kühl. Die Paste hält sich wochenlang. Bei Zimmertemperatur wird sie in 15 Minuten streichfähig. Sie erhalten etwa $3\,1/2$ Tassen.

Geröstete Erdnüsse in kleinen Papiertüten sind auf den Märkten in Kairo ein beliebter Imbiß.

Eine Frau verkauft Erdbeeren auf dem Khan el-Khalili in Kairo.

Afrika südlich der Sahara

Nigeria kocht man sie wie Reis, bis sie sehr weich sind; dann werden sie zerdrückt, leicht gewürzt und zu Bällchen geformt, die man *fufu* nennt. Man ißt sie zu Suppen und Eintöpfen, wie Europäer Brot essen. Yams gelten als derart wichtig, daß man ihnen zu Ehren während des Jahres viele Feste feiert, und sie gehören zu jenen Lebensmitteln, die bei Ritualen Fülle und Glück symbolisieren.

Die kurze, dicke, von Rinde bedeckte Maniokwurzel kam aus Brasilien nach Afrika und wird in der Küche vielseitig verwendet. Man kann aus ihr ein feines Mehl zum Backen und Braten mahlen, und sie wird knusprig oder breiig, je nach Zubereitungsart. Vergoren wird sie zum *gari*, einem Brei, der in Ghana Grundnahrungsmittel ist. Beim Kauf von Maniok sollte man auf eine feste Rinde ohne Risse und Schimmel achten. Auf vielen afrikanischen Märkten sieht man Verkäufer, die von der Wurzel eine Scheibe abschneiden, um Kunden davon zu überzeugen, daß das Fleisch fest und weiß wie das einer Kokosnuß ist.

Der Duft von Gewürzen erfüllt die Luft auf vielen afrikanischen Märkten, und keines von ihnen hat eine längere und bewegtere Geschichte als die Gewürznelke, die heute vor allem in Sansibar, der ostafrikanischen Insel vor der Küste Tansanias, angebaut wird. Von dort, so sagt man, kommen die besten Nelken der Welt, und das Öl der intensiv riechenden getrockneten Blütenknospen mit seinem süßen, holzigen Aroma wird für Medikamente, Parfüms und Gewürze verwendet. Der immergrüne Gewürznelkenbaum stammt aus Indonesien und wurde in Sansibar zum erstenmal im frühen 19. Jahrhundert von arabischen Händlern gepflanzt. Im goldenen Lehmboden gedieh er prächtig. Weniger als fünfzig Jahre später waren die Insel Sansibar und ihre Nachbarin Pemba die größten Produzenten der Welt. Für Besucher Sansibars sind Touren zu den Farmen und Plantagen der Insel ein Erlebnis, wo sie die verschiedenen Gewürze und auch Kräuter kosten dürfen.

Zu den allgegenwärtigen Produkten auf afrikanischen Märkten gehören Bananen – sie hängen noch in Büscheln

Wurzeln und Knollen sind in Afrika Grundnahrungsmittel.

Narok liegt am Eingang des Nationalparks Massai Mara. Dieser Mehlstand ist einer der wenigen permanenten Läden auf dem kleinen Markt.

an ihren dicken Ästen –, Papaya, Ananas, Zitrusfrüchte, Rambutan, pralle Säcke mit getrockneten Bohnen, die mit Konservendosen abgemessen werden, viele Meter Zuckerrohr sowie geflochtene Körbe und moderne Schüsseln und Eimer aus Plastik in vielen fröhlichen, leuchtenden Farben: rosa, türkis, lavendelblau, grasgrün und apfelrot.

Afrikanische Märkte sind von der wirtschaftlichen Lage im Land geprägt, und an einigen Orten ist die verbreitete Armut offenkundig. Einer der erschütterndsten Märkte der Welt dürfte der Ufermarkt in St. Louis im Senegal sein. Dort warten Frauen im Morgengrauen auf die Fischerboote und kaufen Fische, die zum größten Teil Abfall sind – das einzige, was sie sich leisten können. Die bessere Ware wird zu höheren Preisen ins Ausland verkauft.

DOLPHIN

Afrika

Typische Märkte

Kenia

Nairobi

Stadtmarkt – Ein Markt, auf dem Souvenirs und Lebensmittel aller Art verkauft werden. Er ist ein Wahrzeichen der kenianischen Hauptstadt.

Wakulima – Der größte Bauernmarkt der Stadt

Gikomba – Das Verkaufszentrum für neue und gebrauchte Kleidung. Es gibt auch ein paar Lebensmittelverkäufer.

Stadtpark – Ein Markt am Rande von Nairobi

Kawonlgware – Ein ausgedehnter Markt in einem der Vororte von Nairobi

Mombasa

Mckinnon-Markt – Der wichtigste Markt im Zentrum dieser großen, alten Hafenstadt an der Ostküste Afrikas

Kongowea – Der Lebensmittelgroßmarkt in einem Fischerdorf am Rande von Mombasa

Andere Orte in Kenia

Karatina – Dieser Markt versorgt das Volk der Kikuyu, das in der Gegend des Mount Kenia lebt.

Narok – Ein kleiner Markt am Eingang zum Nationalpark Massai-Mara

Tansania

Sansibar

Saidijeh-Markt – Ein Markt für den Groß- und Einzelhandel in der Hauptstadt der Insel. Verkauft werden Fleisch, Fisch, Obst und Gemüse.

Fischmarkt – Eine Auktion auf dem Pier von Sansibar bei Sonnenaufgang

Ein improvisierter Markt bildet sich in einem Hof hinter dem Saidiyeh-Markt in Sansibar.

Ohne sich vom tropischen Regen stören zu lassen, sucht eine Frau auf dem Kongowea-Großmarkt am Rande von Mombasa die besten Kartoffeln aus.

Bohnen

Da urbarer Boden in vielen afrikanischen Ländern knapp ist und die Menschen ausreichende Mengen an hochwertigem Eiweiß benötigen, werden Bohnen und andere Hülsenfrüchte als Grundnahrungsmittel angebaut. Zusammen mit Mais oder Getreide decken sie den gesamten Proteinbedarf. Die aus Hülsenfrüchten zubereiteten Gerichte unterscheiden sich je nach Region. In Äthiopien ißt man einen Salat aus Linsen mit grünen Chili und während der Fastenzeit fischförmigen Zwieback aus Kichererbsenmehl, der in eine höllisch scharfe Soße aus roten Chili getunkt wird.
In Tansania und Kenia werden rote Bohnen und Kichererbsen aromatisch gewürzt und mit gemahlener Kokosnuß oder Kokosmilch leicht gekocht. Rote Bohnen enthält auch der kenianische Gemüseeintopf namens *githeri* (siehe Seite 170).
Bohnenkuchen sind auf afrikanischen Märkten sehr beliebt. Sie ähneln *falafel* (fritierten Teigbällchen), werden aber aus einem flüssigeren Püree bereitet. Je nach Geschmack kann man dieses mit Krabben oder Flußkrebs, mildem oder scharfem Paprika und Gewürzen mischen, ehe man es formt und in Erdnuß- oder Palmöl fritiert, bis es braun und knusprig ist. Die dafür verwendeten Bohnen findet man neben einer großen Vielfalt anderer Hülsenfrüchte auch auf den Märkten: braune und weiße Saubohnen, Langbohnen, rote Kidneybohnen, Kichererbsen, gelbe halbe Erbsen und winzige rote, grüne und braune Linsen.

In Sansibar werden viele verschiedene Arten von getrockneten Hülsenfrüchten verkauft.

Händler, die getrocknete Hülsenfrüchte verkaufen, haben am Rande des riesigen Gikomba-Marktes in Nairobi ihren eigenen Platz. Auf jedem Sack steht eine Dose, die zum Abmessen benutzt wird.

Großhändler auf dem Saidiyeh-Markt in Sansibar

Githeri

Die Zutaten für diesen herzhaften kenianischen Gemüseeintopf hängen vom Koch und von der Saison ab. Meist nimmt man getrocknete rote Bohnen, Möhren, Tomaten, Zwiebeln, Kohl sowie getrocknete oder frische Maiskörner. Frischer Mais macht das Gericht leicht, mit getrockneten Körnern wird es eine nahrhaftere Speise im Winter. Pflanzenöl ist ein leichterer Ersatz für das übliche, aber schwere Palmöl. Oft wird auch Rindfleisch mitgekocht.

Weichen Sie 1 Tasse getrocknete rote Kidneybohnen oder Kichererbsen und in einer anderen Schale 1 Tasse getrocknete Maiskörner (sofern Sie keine frischen verwenden) über Nacht in Wasser ein. Lassen Sie dann Bohnen und Mais zusammen 1 Stunde in gesalzenem Wasser kochen. Erhitzen Sie 3 Eßlöffel helles Pflanzenöl in einem Bratentopf. Wenn Sie Rindfleisch mitkochen möchten, braten Sie 1 Pfund gewürfelten Kamm. Dünsten Sie im selben Topf 1 große gehackte rote Zwiebel und 1 gehackte Knoblauchzehe mit 1 Teelöffel getrocknetem oder 2 Teelöffel frischem Thymian und 1 kleinen zerbröselten Lorbeerblatt an. Wenn die Zwiebeln weich, aber noch nicht braun sind, rühren Sie 3 frische Tomaten ohne Haut und Kerne, aber mit ihrem Saft, sowie 2 große Möhren in Scheiben und 1 Pfund grob gehackten Kohl ein. Lassen Sie die Mischung im geschlossenen Topf 5 Minuten schmoren. Fügen Sie die abgegossenen Bohnen, den Mais und etwa 3 Tassen Fleisch- oder Hühnerbrühe hinzu.

Die Flüssigkeit sollte den Inhalt des Topfes fast bedecken. Lassen Sie das Ganze unter gelegentlichem Umrühren im leicht geöffneten Topf 1 Stunde köcheln. Würzen Sie nach Belieben mit Salz und Pfeffer, und gießen Sie, falls nötig, eventuell Brühe nach. Frische Maiskörner werden in den letzten 10 Minuten mitgekocht. Bei Bedarf dicken Sie die Brühe mit Tomatenmark an. Würzen können Sie auch mit getrockneten Chili, Kurkuma, Kreuzkümmel, Koriander und Zimt. Servieren Sie die etwa 6 Portionen mit weißem Reis.

Der wöchentlich stattfindende Kawonglware-Markt in einem Vorort von Nairobi.

Kikuyu-Frauen gehen auf dem Karatina-Markt an einem Geflügelhändler vorbei.

Hühnersuppe mit Erdnüssen

Erdnüsse und Huhn – beides auf afrikanischen Märkten fast allgegenwärtig – ergeben zusammen eine verführerische Suppe. Die Erdnußbutter, gekauft oder selbstgemacht, sollte nicht gesüßt sein. Westafrikaner fügen dem Gericht noch Süßkartoffeln in Würfeln, gehackten Kohl und Okrascheiben hinzu.
Schneiden Sie ein 2–3 Pfund schweres Huhn in 8 Stücke, und lassen Sie diese in einer Bratpfanne mit 3 Eßlöffel Erdnußöl oder einem anderen leichten Öl langsam bräunen. Nehmen Sie das Fleisch heraus, und legen Sie es in einen Suppentopf. Dünsten Sie 1 gehackte mittelgroße Zwiebel, 1 große Karotte in Würfeln und 1 gehackte Knoblauchzehe in der Pfanne, bis alles goldgelb ist. Geben Sie das Ganze zum Fleisch in den Suppentopf, und fügen Sie 3 gehackte Tomaten samt Saft, 2 dünne Scheiben frischen Ingwer, 1 kleine, scharfe rote Chili, 2 Teelöffel Salz und 8–10 zerdrückte schwarze Pfefferkörner hinzu. Lassen Sie das Gericht im leicht geöffneten Topf 45 Minuten köcheln, bis das Huhn zart ist.
Bei Bedarf Wasser nachgießen. Nehmen Sie das Huhn heraus, lösen Sie das Fleisch von Haut und Knochen, und schneiden Sie es in mundgerechte Würfel. Seihen Sie die Suppe durch, und geben Sie sie mit dem Hühnerfleisch in den ausgespülten Topf zurück.
Rühren Sie 1 Tasse ungesüßte Erdnußbutter und 2 Eßlöffel Tomatenmark in die Suppe, lassen Sie sie 10 Minuten kochen, und würzen Sie. Wenn nötig, nehmen Sie mehr Erdnußbutter zum Andicken. Streuen Sie auf jede der 6 bis 8 Portionen geröstete, gehackte Erdnüsse.

Ein Massai kauft auf dem Narok-Markt Kartoffeln.

Eine breite Palette bunter Gewürze belebt den Stadtmarkt in Mombasa. In dieser Stadt sind große indische und arabische Gemeinden ansässig.

Ingwerbier

Käufer suchen schnuppernd nach adstringierender Frische, wenn sie sorgfältig erdfarbene, knorrige Ingwerwurzeln auswählen. Das erfrischende Ingwerbier, das einst in den kreolischen Küchen Louisianas beliebt war, ist ein Erbe der afrikanischen Sklaven und der Vorfahr des Ginger Ale. Manchmal wird es mit Hefe und Weinsäure vergoren, oder aber nur mit Zucker oder Honig. Man kann es mit frisch gepreßtem Saft aus Ananas, Mango, Guave, Orange oder Papaya mischen.

Schälen Sie 1/2 Pfund frischen Ingwer. Schneiden Sie ihn in Scheiben, und zerstoßen Sie ihn im Mörser, oder pürieren Sie ihn in der Küchenmaschine mit möglichst wenig Wasser. Geben Sie den Ingwer in ein hitzebeständiges Glas oder eine Keramikschüssel, und fügen Sie 2 Liter kochendes Wasser, 1 Tasse Zucker oder Honig, 6–8 Gewürznelken, 1 Zimtstange und 1/2 Tasse Zitronensaft nebst 1 Teelöffel geriebener Schale hinzu. Dann decken Sie die Schüssel leicht zu, und stellen Sie sie 4 Stunden an einen warmen Platz. Schöpfen Sie den Schaum ab, gießen Sie 2 Liter kaltes Wasser dazu, und schmecken Sie mit Zucker oder Honig und Zitronensaft ab. Seihen Sie in Flaschen ab, verschließen Sie diese gut, und stellen Sie sie in den Kühlschrank. Sie können das Bier servieren, sobald es kalt ist; aber es schmeckt besser, wenn es eine Woche gärt. Es hält sich etwa 2 Wochen. Servieren Sie es auf Eis, oder verdünnen Sie es nach Geschmack mit Wasser oder Fruchtsaft und/oder ein wenig Rum. Sie erhalten ungefähr 4 Liter.

Ein LKW mit Rohrzucker kommt auf dem Wakulima, Nairobis zentralem Großmarkt, an.

Zweistöckige Busse fahren Sansibars Saidiyeh-Markt an. Die Passagiere sitzen unten, ihre Einkäufe stapeln sich oben. Hier laden Arbeiter Körbe mit Orangen auf.

Ein Berg Ananas auf dem Karatina-Markt.

Die perfekte Ananas

Sie brauchen kein Blatt von der Krone einer Ananas abzureißen, um deren Alter festzustellen. Eine frische Frucht erkennen Sie leicht an kleinen, sauberen, hellgrünen Blättern, ihrem leicht süßsauren Geruch, der orange-goldenen Farbe mit sehr wenig Grün und weichen, vorstehenden »Augen«, die nicht holzig sein dürfen. Die ganze Ananas sollte Ihnen für ihre Größe schwer vorkommen – das deutet auf viel Saft hin – und frei von Schäden, weichen Stellen, Schimmel, Rissen oder anderen Anzeichen für Austrocknung sein. Eine regelmäßige Form (sie ist je nach Sorte unterschiedlich) spricht ebenfalls für gute Qualität. Eine Ananas, die oben ein wenig grün ist, reift zwar nach; aber wenn sie auch unten grün ist, bleibt sie unreif, weil sie zu früh gepflückt wurde und noch nicht genügend Zucker bilden konnte. Einen feinen Nachtisch erhalten Sie, wenn Sie Ananasstücke oder -scheiben mit etwas Zucker und einer Mischung aus Grand Marnier und Kirschlikör oder dunklem Rum beträufeln. Sie können auch Papaya- und/oder Mangostücke dazugeben.

An diesem Stand an der Hauptstraße nach Karatina werden riesige grüne Papayas verkauft.

Fruchtstände von Bananenstauden bieten auf dem Großmarkt von Kongowea einen eindrucksvollen Anblick.

Papaya

Obwohl wir Papayas meist für Melonen halten, sind diese süßen, verführerischen Früchte botanisch gesehen große Beeren. Die Papaya wurde von Lateinamerika nach Afrika gebracht und ist mit der Avocado und der Mango verwandt. Sie schmeckt immer köstlich, einerlei, ob man sie als Vorspeise mit Saft oder Salatsoße püriert oder als Nachtisch kalt serviert – oder ob man sie dünstet und mit Butter und Muskat als kürbisähnliches Gemüse ißt. Unreife grüne Papaya verleiht Salaten eine kühle und frische Note. Sie hat wenig Kalorien und enthält viel Vitamin C und Kalium. Die lederartige Haut ist gelb bis grün, das seidige Fleisch gelb bis rosa. Reife Früchte sind stellenweise gelb, und die Haut gibt auf sanften Fingerdruck nach wie eine reife Avocado. Papaya, in Scheiben oder Hälften serviert, braucht nichts weiter als einen Spritzer frischen Zitronensaft zur Abrundung des Aromas.

Bananenschmalzgebäck

Bananen schmecken in allen Größen und Arten gut, wenn dunkle Flecken auf der Schale darauf hindeuten, daß sie reif sind. Da sie einzeln kaum nachreifen, sollte man grüne Exemplare nur im Büschel kaufen. Bananen, die zum Braten oder Backen bestimmt sind, sollten halb reif sein. Für dieses Beignet und für Brot oder Nachspeisen brauchen Sie jedoch reife Früchte. Zerdrücken Sie 6 mittelgroße, ganz reife Bananen mit einer Gabel, und besprenkeln Sie das Mus mit 2 Teelöffel Zitronensaft. Mischen Sie in einer Schüssel $^1/_2$ Tassen Mehl, $^1/_2$ Tassen Stärkemehl, 4 Eßlöffel Zucker, je $^1/_2$ Teelöffel Ingwerpulver und Zimt sowie $^1/_8$ Teelöffel Gewürznelkenpulver. Schlagen Sie in einer anderen Schüssel 3 große Eier in $^1/_2$ Tassen Milch, und rühren Sie den Inhalt beider Schüsseln und das Bananenmus zusammen. Erhitzen Sie helles Pflanzenöl (5 cm hoch) in einer tiefen Pfanne. Wenn es heiß ist (190° C auf einem Fett-Thermometer), geben Sie nach und nach jeweils $^1/_2$ Tasse der Bananenmischung hinein und fritieren sie 4 Minuten von beiden Seiten, bis sie goldbraun ist. Lassen Sie den Beignet auf Papiertüchern abtropfen, bestreuen Sie ihn mit Puderzucker oder Zimtzucker, und servieren Sie ihn so heiß wie möglich. Diese Teigmenge ergibt etwa 24 Beignets, genug für 8 bis 12 Portionen.

Vereinigte Staaten von Amerika

USA

Vereinigte Staaten von Amerika

Vorige Seiten: Der Markt auf dem Pike Place in Seattle ist ein langer, gedeckter Gang mit Fleisch- und Fischständen an der einen und Gemüseständen an der anderen Seite.

Auch in dem Land, das den modernen Supermarkt erfunden hat, gibt es altmodische Märkte, darunter auch Bauernmärkte, auf denen unabhängige Händler ihre Waren anbieten. Diese Märkte mit ihrem anregenden Durcheinander aus Düften, Eindrücken und Geräuschen, ihrer Überfülle an Obst, Blumen und Gemüse, den lauten Stimmen und den verlockenden Probierhäppchen sind die Antithese des klimatisierten, sterilen und unpersönlichen Supermarkts. Trotz der Erdkrümel und der Insekten auf den Produkten, trotz des Gewimmels von Kinderwagen und angeleinten Hunden, trotz der behelfsmäßigen Verpackungen, der unbequemen Barzahlung und der Unbilden des Wetters florieren diese Märkte, sofern sie gut organisiert sind. Im Freien und in der Halle, sogar zwischen den Betonhäusern und Wolkenkratzern der Großstädte – öffentliche Märkte sind so beliebt, daß eine gemeinnützige Organisation Gemeinden im ganzen Land bei der Planung und Durchführung berät.

Auf Bauernmärkten bekommt man frischere Ware als in den meisten Geschäften, da die Feldfrüchte in den dunklen Morgenstunden des Markttages oder am Spätnachmittag des Vortages gepflückt, Kuchen kurz vor Marktbeginn gebacken und Fische wenige Stunden vorher gefangen werden. Außerdem findet man auf Märkten viele alte Obst- und Gemüsesorten – romantische, altmodische Salate, Tomaten und Beeren –, die nicht von Gentechnikern so verändert wurden, daß sie im Regal lange haltbar sind und frisch aussehen. Es gibt ein breites Angebot an naturbelassenen Produkten,

Auf dem Union-Square-Markt in Manhattan dürfen Kunden die hausgemachte Marmelade vor dem Kauf probieren.

Eine junge Frau verkauft auf dem Union-Square-Markt Pilze, die in der Region kultiviert wurden.

nicht nur Obst und Gemüse, sondern auch Geflügel und Fleisch, Käse, Fisch, Brot, Honig und Marmelade. Hinzu kommt, daß die Preise auf diesen Märkten meist niedriger sind als im Supermarkt, weil es keinen Zwischenhandel gibt und die ganze Familie mitarbeitet.

Auch für die Gemeinde lohnt sich das Geschäft: Es werden Arbeitsplätze geschaffen, Steuern bezahlt und Stellplätze gemietet. Und vor allem ist es den Märkten zu verdanken, daß heruntergekommene Stadtviertel wieder aufleben. In San Francisco wurde der Ferry-Plaza-Markt 1992 als eintägiges Fest eingeführt, und er war bald so beliebt, daß er nun nach einem größeren, permanenten Platz sucht. Solche Märkte bringen eine bunte, wohltuende Aktivität in Gebiete, in denen »nichts los« ist, und die Folge ist, daß Cafés, Restaurants, Buchhandlungen und Läden aller Art eröffnet werden. Viele Märkte werden zu Stätten der Begegnung. Händler freuen sich über Stammkunden und beraten sie bei der Zubereitung ungewöhnlicher Produkte.

Diese Märkte schaffen eine indirekte Verbindung zwischen dem Städter und der Natur, weil sie für ihn ein gut erreichbarer Garten sind, der sich mit den Jahreszeiten verändert. Rhabarber, junger Salat und Kräuter, Forsythien und Hartriegel verkünden den Frühling, und danach folgen Erdbeeren und junge Erbsen, Veilchen und Pfingstrosen. Der Sommer ist von Mais, Paprika und Tomaten, Kosmeen, Zinnien und Rosen geprägt. Dann geht es weiter mit Chrysanthemen und getrockneten Herbstblättern als Kulisse für wilde Pilze, Wildbret, Äpfel und Kürbisse, bis die immergrünen Weihnachtsartikel die Luft mit Fichtenduft erfüllen und die Stände Berge von Kartoffeln, Steckrüben, Pastinaken, Kohl, Grünkohl und Rosenkohl an langen Stengeln anbieten.

Das beste Beispiel für die Wiederbelebung eines vernachlässigten Platzes ist jener Bauernmarkt, der viermal in der Woche auf dem New Yorker Union Square abgehalten wird und in der Innenstadt zu einer Institution geworden ist. Wie bei dreiundzwanzig anderen Märkten in den Stadtgemeinden (mit Ausnahme von Queens) ist eine Organisation namens Greenmarkets die Veranstalterin. Sie stellt den Platz und verschiedene Dienstleistungen zur Verfügung, wählt die Verkäufer aus und achtet darauf, daß sie nur Produkte anbieten, die in den Staaten New York, Pennsylvania oder New Jersey angebaut oder hergestellt wurden. Der Union Square ist ein historischer Treffpunkt für »Volksredner« mit linken Neigungen. Er war ein heruntergekommener Park, als Greenmarkets mit zwölf Verkäufern anfing, die eine bescheidene Miete zahlten. Heute leben 120 Bauernfamilien von diesem Markt, und an guten Samstagen bedienen sie 20 000 Kunden. Dementsprechend sind auch die Mieten deutlich gestiegen. Auf diesem Markt zwischen Greenwich Village und dem Distrikt Flatiron – wo viele junge, ehrgeizige Leute, Verleger und Werbeagenturen zu Hause sind – geht es lebhaft zu. Viele schlendern einfach herum, um Äpfel aus dem Staat New York, Hummer und Goldmakrelen aus Montauk und Ziegenkäse von nahegelegenen Farmen zu betrachten – zum Sehen und Gesehenwerden bietet der Platz ein wichtiges Forum. Man kann handgemachte Brezeln, würzigen heißen Apfelwein, Marmelade, Räucherfisch, Sojasprossen und Muschelsuppe probieren.

Die verführerischen Waren auf den Märkten zeugen von der großen Vielfalt des Landes. Seattles Markt auf dem Pike Place, der wegen des häufigen Sprühregens überdacht ist, wird seit 1907 auf einem vorspringenden Felsen oberhalb des Puget Sound abgehalten. Hin und wieder war er als »Hindernis für den Fortschritt« gefährdet. Hier bekommt man mindestens sechs Arten von pazifischem Lachs – vom kleinen, schlanken Coho bis zum Riesenlachs. Die Fische liegen auf ihren Eisbet-

ten, und ihre Haut glitzert wie Blattsilber. Verkäufer werfen sich die Fische wie Footballspieler zu – eine große Attraktion für die Touristen mit ihren Kameras. Riesige, hartschalige Krebse werden in dampfenden Fässern purpurrot, und etwa ein Dutzend Arten von steingrauen Austern locken an Ständen und Theken, wo sie in einer halben Schale serviert werden. Im Sommer sind wilde Kräuter und Pilze zusammen mit Heidelbeeren, Birnen und den berühmten Delicious-Äpfeln der Umgebung im Angebot. Hungrige Kunden können sich mit Schinken und Ei, Fisch und Muschelsuppe, dänischen Apfelküchlein, asiatischen Nudeln, bayerischer Leberwurst, englischen *scones* und *crumpets* oder Pita aus dem Nahen Osten stärken. Lachs in großen rosa Stücken, über Erlenholz heiß geräuchert wie bei den Indianern des Nordwestens, ist ein Lieblingssouvenir für auswärtige Besucher. An Samstagen sorgen Straßenmusikanten mit Gitarren, Geigen, Flöten und Zimbeln für Hintergrundmusik.

In einem gewaltigen, hochaufragenden Gebäude ist der DeKalb-Bauernmarkt in Decatur (Georgia) untergebracht, eine halbe Stunde von Atlanta entfernt. An den Waren läßt sich ablesen, woher die neuen Einwohner der Stadt kommen: Es gibt Zutaten und Gewürze, die den Gaumen von Nigerianern, Äthiopiern, Indern, Deutschen, Polen, Russen, Südostasiaten, Chinesen, Philippinos, Lateinamerikanern, Kariben und vielen anderen zufriedenstellen. Butterbrezeln der Pennsylvania-Deutschen, Schweinefleisch mit Kräutern und hausgemachte Eiscreme mit Butterfett betören die Besucher des Reading-Terminal-Marktes in Philadelphia, der über hundert Jahre alt ist. Am Samstagmorgen werden Lastwagen auf dem Flußmarkt – ein Teil des täglichen Obst- und Gemüsegroßmarkts in Kansas City – zu improvisierten Verkaufsbuden, die Mais aus dem Mittelwesten und die süßen Jonathan-Äpfel aus Missouri als lokale Stars anbieten. Auf dem kleinen Samstagsmarkt auf einem Parkplatz in Evanston (Illinois) erinnern frische grüne Sojabohnen vom Spätfrühling bis zum Frühherbst daran, daß an der nahegelegenen Universität viele Japaner studieren und arbeiten. Sträuße aus Präriegras funkeln im Sonnenlicht wie Juwelen.

Die beliebten Shrimps und Krebse aus der Chesapeake-Bucht werden am städtischen Fischkai an der Main Avenue im Südwesten von Washington mit einer scharfen Gewürzmischung gedünstet, die die Südstaatler lieben. Der Markt besteht seit 1794. Damals brachten Segelschiffe jeden Morgen ihren Fang vom Potomac mit. Die neun Läden befinden sich heute auf fest verankerten Frachtkähnen. Nirgendwo ist die Vielfalt an Fischen größer. Die billigen Arten werden in dieser wirtschaftlich darbenden Gegend von Einheimischen gekauft. Deutsche bevorzugen Klippenbarsch, Griechen schätzen Goldmakrelen, Brasilianer mögen den langen Bandfisch, der wie eine flache silberne Schlange aussieht. Mittelamerikaner suchen nach Tilapia, Chinesen nach Hummer, Shrimps, Krebsen, Flundern und Seebarsch.

Als ich mich erkundigte, ob die Marktarbeiter Fisch zu Mittag essen, antwortete ein Verkäufer: »Kommt nicht in Frage! Wir essen Brathähnchen, Chili, Spaghetti und Steak. Basta!«

Farbenprächtige Bauernmärkte gibt es auch in ländlichen Gegenden, und keiner ist faszinierender als der Green Dragon Farmers' Market and Auction in Ephrata (Pennsylvania), ein festliches Happening an Freitagen. Zwischen adretten, blühenden Farmen der Mennoniten und Amischen bietet dieser zwanzig Morgen große Markt im Freien und unter Dächern Platz für vierhundert Pflanzer, Händler und Handwerker aus der Umgebung. Man kann nicht nur Lebensmittel kaufen, sondern auch Kurzwaren aller Art, Kleider, Haushaltswaren und Bücher.

Der Green Dragon Market, nur wenige Meilen von Lancaster entfernt, lockt die mennonitischen und amischen Bauern aus dem Land der Pennsylvania-Deutschen an.

Neben Obst und Gemüse gibt es Wurstringe und geräucherte Fleischstücke, die von den deutschen Ahnen vieler Einwohner zeugen, ganz zu schweigen von den hartgekochten, in Rote-Rüben-Saft eingelegten Eiern, die in großen Gläsern leuchten. Frauen in dunklen Röcken und Blusen und sauberen weißen Organdyhauben verkaufen unzählige Obstkuchen. Dies ist ein wahres Obstkuchenland, dessen Delikatessen Namen wie »Liebe«, »Sonntag«, »Montag«, »Nasser Hintern«, »Snitz« (getrocknete Äpfel) und »Fliegenschreck« tragen. Dieser ist besonders gefragt; er ist mit goldbrauner, gewürzter Melasse gefüllt und hat eine leckere Kruste. Man kauft ihn scheibenweise an Ständen und in Cafés, wo man unter anderem auch Käsesteaks aus Philadelphia und Hot Dogs bekommt. Vor allem im Freien wird Trichterkuchen serviert und heiß gegessen. Man bäckt ihn, indem man Teig durch einen Trichter in Fritierfett laufen läßt und den dabei entstehenden knusprigen Kringel mit Puderzucker bestreut.

Die Futterversteigerung auf einem großen Parkplatz ist ein Schwerpunkt des Marktes. Lastwagen voller Heuballen, Klee, Luzerne und Gras säumen den Platz und locken wortkarge, wettergegerbte Bauern an, von denen die meisten schwarze Westen und Hosen, weiße Hemden und Strohhüte tragen. Sie folgen dem Auktionator von LKW zu LKW und bieten auf die einzelnen Positionen – aber erst, nachdem sie die Ware auf unerwünschte Spuren von Schimmel oder Nässe, auf gelbgrüne Farbe und, beim Klee, auf Blüten in frischem Malvenrosa untersucht haben. Pferde, sagte ein Bauer, bevorzugten Timotheusheu, während seine Kühe eine Schwäche für Gras, Klee und Luzerne hätten.

Wie viele andere Märkte ist der Green Dragon ein Magnet für Touristen, was nicht nur Vorteile hat. Den Händlern sind einheimische Stammkunden lieber; doch um diese müssen sie mit den Supermärkten wetteifern. So willkommen der Tourismus auch ist, ungehemmte Expansion kann zum Scheitern führen. Da die Touristen keine verderblichen Waren mitnehmen können, kaufen sie haltbare Dinge, und die Marktveranstalter, die gerne mehr verdienen wollen, als Lebensmittel es ihnen ermöglichen, schaffen Platz für Kunsthandwerk, Makramé, Pullover, kitschige Wandteppiche, Häute und Wolle von einjährigen Schafen, haltbare Marmeladen, Bonbons und getrocknete Kräuter. Die Touristen verschlimmern das Gedränge noch und vertreiben ortsansässige Käufer. Auch der Markt auf dem Pike Place leidet darunter, der einst hervorragende Bauernmarkt in Los Angeles hat seine seriösen Lebensmittelhändler verloren, und der Französische Markt in New Orleans, der seit dem 18. Jahrhundert besteht und als ältester permanenter Markt des Landes gilt (der riesige Heumarkt in Boston kommt ihm nahe), ist heute eine Farce und widmet nur noch ein Drittel seiner schattigen Fläche den Lebensmitteln.

Wer Märkte liebt, kann nur hoffen, daß Alice Waters, die innovative Gastronomin in Berkeley mit ihrer Voraussage recht hat: »Bauernmärkte werden die Idole des nächsten Jahrhunderts sein. Die Menschen erkennen ein echtes Lebensmittel, wenn sie es kosten.« Weniger optimistisch stimmt der Gedanke, daß Massenproduzenten künftig bei den Bauernmärkten mitmischen könnten, um die Opposition durch diese Umarmung zum Schweigen zu bringen. Bleiben wir wachsam.

CHESAPEAKE BAY'S
FRESH FISH DA
CAPTAIN
WHITE
RIMP & LOBSTER
JUMBO CR
5 LBS
SHRIMP SALE

USA

Typische Märkte

New York

Union Square Greenmarket – Ein seit 1976 bestehender, florierender städtischer Bauernmarkt, der viermal in der Woche stattfindet

Ephrata, Pennsylvania

Green Dragon Farmers' Market and Auction – Ein riesiger Markt der Amischen und Mennoniten im Gebiet der Pennsylvania-Deutschen. Wird jeden Freitag abgehalten.

Seattle, Washington

Pike-Place-Markt – Ein fröhlicher, täglich stattfindender Markt im Herzen der Stadt auf einem Felsvorsprung über dem Puget Sound

Washington

Fischmarkt in der Main Avenue – Ein farbenprächtiger Markt am Fischkai der Stadt. Besteht seit 1794.

Der Fischmarkt in der Main Avenue von Washington am Potomac war ursprünglich eine Ansammlung von Frachtkähnen. Heute sind die Kähne fest verankert.

Krebse

Krebse – roh und lebendig in graublauen Schalen oder gekocht und purpurrot – sind ein außerordentlich wichtiges Produkt auf vielen Küstenmärkten in den Vereinigten Staaten. Oft werden sie in riesigen Bottichen gleich auf dem Markt gekocht oder gedünstet, und vor allem im Süden machen Pökelgewürze sie zu einer sehr pikanten Speise.

Am besten sind wohl die hartschaligen blauen Krebse aus Maryland und Virginia mit ihrem festen, perlmuttfarbenen Rückenfleisch in der Größe eines Daumennagels, deren knuspriges Fleisch den typischen Krebsgeschmack hat. Kleinere blaue Krebse gibt es im Golf von Mexiko, in Texas, Alabama und Louisiana ebenfalls reichlich; aber ihr Fleisch ist wegen des warmen Wassers eher mild und weich. Die auffälligsten Krebse der Westküste sind der gigantische Dungeness (was Geschmack und Konsistenz betrifft, ähnelt er sehr dem berühmten Shanghai-Krebs), das stachelige Meeresungeheuer, das man König von Alaska nennt (das meiste Fleisch ist in den langen Beinen enthalten), und der kleinere pazifische Schneekrebs, dessen Aroma schwer zu definieren ist. In den USA ist das Fleisch der Dungeness- und der Königskrebse meist nur tiefgefroren erhältlich, und darum haben diese Arten bei seriösen Krebsliebhabern einen zweifelhaften Ruf. Ihr Fleisch ist nämlich etwas zäh und fade. Wenn man sie frisch dünstet, sind beide jedoch sehr zart und sehr aromatisch. Kalte, aufgebrochene Dungeness-Krebse in Senfsoße sind eine Delikatesse, so wie die Steinkrebse Floridas, deren Scheren mit den schwarzen Spitzen das saftigste Fleisch liefern. Wenn Sie frisches, gekochtes Krebsfleisch kaufen, öffnen Sie den Behälter, und schnuppern Sie daran. Der Inhalt sollte salzigfrisch, nicht beißend riechen, und das Fleisch muß fest sein und glänzen. Das beste Krebsfleisch zeigt Spuren des grauen Fetts und des korallenfarbenen Rogens, die das Aroma verstärken. Gewaschenes Fleisch ist teuerer als nicht gesäubertes; aber ihm fehlt dessen kräftiger Geschmack.

Auf dem Fischmarkt in Washington D.C. machen Gummihandschuhe den Umgang mit blauen Krebsen etwas weniger gefährlich.

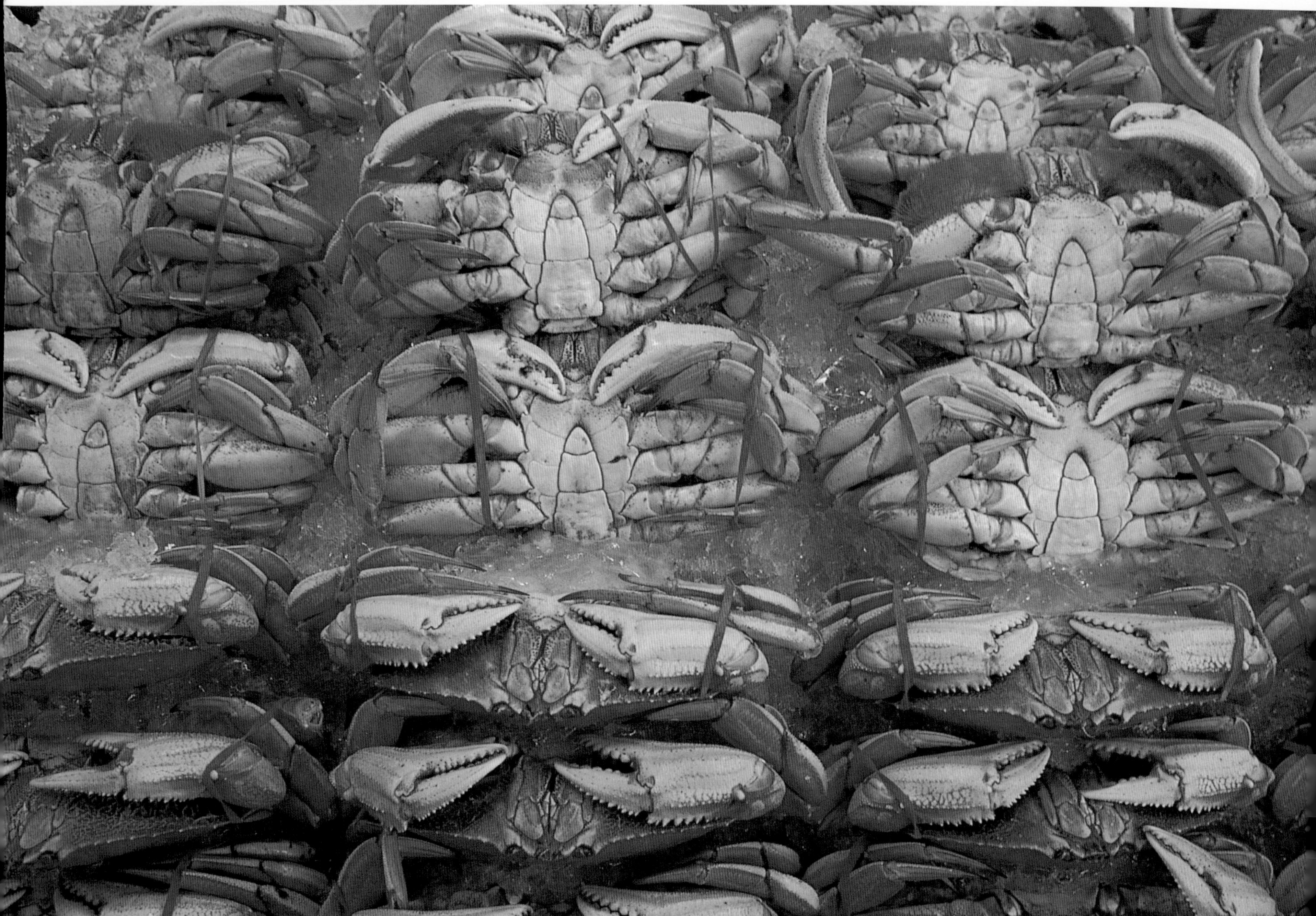

Auf dem Pike-Place-Markt in Seattle werden Dungeness-Krebse aus ästhetischen und praktischen Gründen mit zusammengebundenen Scheren angeboten.

$15.00 dozen
DC2588N
SALE
Snow Crab Clusters
SALE

Wenn du das Leben nicht liebst,
kannst du keine Auster genießen.
Seneca

Austern-Stew

Dieses kräftige, wohlschmeckende Gericht ist in den Vereinigten Staaten am Erntedankfest und an Sylvester Tradition. Man bekommt es von Puget Sound bis Boothbay Harbor an den meisten guten Austernbuffets. Die sehr aromatischen Austern aus dem kältesten Wasser der Ostküste eignen sich dafür am besten; die aus Louisiana, Florida und Washington sind etwas milder. Für 6 Portionen brauchen Sie 36 große oder 48 kleine Austern im eigenen Saft, die nicht mehr als 5 Stunden vor dem Kochen aus der Schale genommen wurden. Bewahren Sie sie nicht in Papier, Metall oder Plastik auf, sondern in einem Glas- oder Keramikbehälter. Entfernen Sie sandige Teile mit den Fingern, ohne die Austern zu waschen, filtern Sie die Flüssigkeit durch einen Kaffeefilter in eine kleine Bratpfanne, und lassen Sie das Fleisch 2 bis 3 Minuten kochen, bis die Ränder sich kräuseln. Wärmen Sie 6 Suppenschalen vor, lassen Sie je 1/2 Liter Milch und Sahne zusammen aufkochen, und geben Sie 3 Eßlöffel ungesalzene Butter hinein. Geben Sie dann die Austern mit der Flüssigkeit in die Milch, und würzen Sie nach Belieben mit Salz, frisch gemahlenem schwarzem Pfeffer, einer Prise Selleriesalz und ein paar Tropfen Worcester- und/oder Tabascosoße. Schöpfen Sie 6–8 Austern pro Portion in die heißen Suppenschalen, streuen Sie Paprikapulver darauf, und reichen Sie dazu Brötchen oder Austernkräcker. Sofort servieren.

Der Fischmarkt in Washington ist bei Ortsansässigen und ausländischen Diplomaten gleichermaßen beliebt.

Auf dem Union-Square-Markt kaufen die nach Natur dürstenden Einwohner Manhattans Obst, Gemüse und Blumen der Saison, hier Sonnenblumen und Fenchel.

Mais, Lauch und Kräuter auf dem Markt in Seattle.

Und die, die kamen, waren entschlossen, Engländer zu sein,
Am Ende der Welt und dennoch englisch.
Und sie aßen die weißen Maiskörner, in der Sonne getrocknet,
Sie wußten nicht, daß sie nie wieder englisch sein würden.

Aus *Western Star* von Stephen Vincent Benét

MIGLIOR
CELERIAC
#1.80 EA

USA
Kürbisse

Leuchtende Kürbisse prägen das Bild der Ernte im Herbst. Kaufen Sie nur feste, helle, unbeschädigte Exemplare, deren Haut weder unregelmäßige noch weiche Stellen aufweist. Ein Kürbis, der Ihnen für seine Größe schwer vorkommt, ist reif.

Sommerkürbisse sind meist wässerig, delikat und ziemlich leicht verderblich. Sie werden schnell gar.

Chayote oder Mirliton – Birnenförmig mit glatter oder behaarter grüner Haut.

Cymling oder Pattipan – Weiß, flach und gekrümmt mit mildem Frühlingsaroma.

Yellow Crookneck (krummhalsiger Gartenkürbis) – Spitz zulaufend und gerade oder am schmalen Ende gekrümmt.

Zucchini oder Courgette – Lang oder rund mit dicker grüner Haut, die gefleckt, gestreift oder fast ohne Zeichnung sein kann.

Zucchiniblüten – Leuchtendgelbe, duftende Blüten, besonders gut in Omeletts und Risotto oder gefüllt und gebraten.

Winterkürbisse sind größer und aromatischer. Sie müssen länger gekocht werden, und sie halten sich gut.

Acorn – Grün, gelb oder orange; eichelförmig.

Butternut oder Cushaw (Melonenkürbis) – Bräunlich oder golden, glockenförmig, mit dünner Haut, die, wenn unbehandelt, eßbar ist.

Hubbard, Ohio oder Mini-blues – Ein dunkelgrüner, silbern-blauer oder tief orangefarbener Riese mit unebener Haut.

Cheese Pumpkin – Matt orange, trommelförmig, orangefarbenes Fleisch, das ein wenig nach Käse schmeckt.

Pumpkin (Gartenkürbis) – Ein orangefarbener Kürbis in vielen Größen. Beliebt in der Küche und als Schmuck an Halloween.

Spaghetti – Hellgelb und oval mit blassem Fleisch, von dem sich beim Kochen oder Backen nudelförmige Fäden lösen.

Turban – Gelbrosa oder orange und blaugrün mit schartigem, trommelförmigem Unterteil und bogenförmigem Dutt.

Winter Yellow Crookneck – Schwerer als der Sommerkürbis. Das Gelb der kieseligen Haut ist kräftiger.

Ornamental Squashes (Zierkürbisse) – Klein, mit heller Farbe und oft glänzend gewachst.

Wenn es kalt wird, gibt es auf dem Union-Square-Markt in New York Berge von Kürbissen und Wurzelgemüse.

Saure Gurken mit Dill

Kirbygurken und frischer Dill passen hervorragend zueinander

Diese saftigen, duftenden Pickles, eine Erfindung der osteuropäischen Juden, gelten heute in den Vereinigten Staaten als Delikatesse. Verwenden Sie nur unbehandelte, kleine, feste Gurken von gleicher Größe und ohne welke oder weiche Stellen. Frischer Dill ist unentbehrlich, und im Spätsommer können Sie gelbe Dillblüten hinzufügen, die schon Samen enthalten. Händler bereiten diese Pickles in großen Holzfässern zu; aber ein Glas oder ein Keramiktopf eignen sich ebenfalls. Nehmen Sie kein Gefäß aus Plastik oder Metall.

Für 20–24 saure Gurken brauchen Sie ein Vier-Liter-Glas mit weiter Öffnung und geraden Seiten, damit die Gurken senkrecht stehen.

Waschen Sie die Gurken gründlich, und reiben Sie Erde ab, ohne die Haut zu verletzen. Trocknen Sie die Gurken, und stellen Sie sie aufrecht ins Glas, wenn nötig in zwei Schichten. Zerdrücken Sie 7 oder 8 Knoblauchzehen leicht, und geben Sie sie mit je 1 Teelöffel schwarzen Pfefferkörnern, Koriander und Senfsamen sowie 3 oder 4 getrockneten scharfen Chili, 2 Lorbeerblättern und etwa 12 Dillzweigen ins Glas. Wenn der Dill keinen Samen hat, geben Sie 1 Teelöffel getrocknete Dillsamen dazu.

Rühren Sie 1/2 Tassen grobes Salz ohne Jodzusatz in 3 Liter Wasser. Wenn es sich gelöst hat, gießen Sie das Wasser ins Glas, bis alle Gurken völlig bedeckt und keine Luftblasen mehr vorhanden sind. Bei Bedarf gießen Sie kaltes Wasser nach.

Stellen Sie das Glas an einem kühlen, schattigen Ort. Legen Sie einen kleinen Teller oder eine Holzscheibe auf die Gurken und darauf einen sauberen Stein oder ein mit Wasser gefülltes Glas (kein Metall). Das Gewicht verhindert, daß die Gurken an die Oberfläche treiben und verderben.

Decken Sie das Glas mit einem dünnen Tuch zu, damit kein Staub hineingelangt, und schöpfen Sie alle 24 Stunden den Schaum ab. Nach 4 bis 5 Tagen sind die Gurken halb sauer, nach etwa 10 Tagen ganz.

Wenn sie den Säuregrad erreicht haben, den Sie mögen, entfernen Sie das Gewicht und verschließen das Glas dicht. Im Kühlschrank halten diese sauren Gurken etwa einen Monat, wenn sie vollständig mit Lake bedeckt sind.

Ein Kunde riecht auf dem Union-Square-Markt an frischem Basilikum.

Kürbis und Mais gibt es zur Zeit der Herbsternte in Lancaster County, Pennsylvania, in Hülle und Fülle.

Kürbissuppe

Schneiden Sie $2\frac{1}{2}$–3 Pfund Kürbis in Stücke. Entfernen Sie die Samen und das faserige Innere, und lösen Sie die Schale mit einem kleinen, scharfen Messer vom Fleisch. Legen Sie die Stücke in einen Suppentopf mit 4 Liter Inhalt, und füllen Sie ihn mit 6 Tassen gut gewürzter, entfetteter Hühnerbrühe und 2 Tassen Wasser. Fügen sie eine mittelgroße Zwiebel in dünnen Scheiben, 1 Stange Sellerie ohne Blätter, 1 Karotte in Scheiben und 1 große, geschälte Kartoffel hinzu. Lassen Sie das Ganze bei mittlerer Hitze 1 Stunde kochen, bis der Kürbis und die Gemüse völlig weich sind. Dann nehmen Sie alle noch festen Teile mit einer Gabel heraus, pürieren sie und geben sie zurück in die Suppe. Würzen Sie mit Salz, weißem Pfeffer und etwas geriebener Muskatnuß oder, wenn Sie es aromatischer mögen, mit Muskatblüte. Rühren Sie bei mittlerer Hitze 4 Eßlöffel ungesalzene Butter, $\frac{2}{3}$ Tassen süße Sahne und 1–2 Eßlöffel trockenen, hellen Sherry ein. Alles sollte heiß sein, aber nicht kochen. Garnieren Sie mit gehackten Pistazien oder gerösteten Kürbiskernen, und servieren Sie sofort. Sie erhalten 6 bis 8 Portionen.

Kürbisse sind im Herbst traditionsgemäß ein Haupterzeugnis auf diesem ländlichen Markt in Pennsylvania.

Pflaumenkuchen

Rote Santa-Rosa-Pflaumen mit fester Haut oder die kleinen, blauhäutigen italienischen Zwetschgen mit gelbem Fleisch sind für diesen Spätsommer- und Herbstkuchen am besten geeignet und in den Vereinigten Staaten bei den Pennsylvania-Deutschen besonders beliebt. Nehmen Sie Pflaumen mit fester, unversehrter Schale und ohne weiche Stellen. Saftige Früchte geben ein wenig nach, wenn man sie drückt.

Waschen und halbieren Sie 2 Pfund Pflaumen. Heizen Sie den Herd auf 175 °C vor. Bestreichen Sie ein 25 cm langes Backblech mit Butter, und streuen Sie darauf etwas Mehl. Sieben Sie 2 1/2 Tassen Mehl mit 1/3 Tassen Zucker, 2 Eßlöffel Backpulver und einer Prise Salz auf die Arbeitsfläche. Kneten Sie 1/2 Tasse (120 g) ungesalzene Butter darunter, bis die Mischung wie Schrotmehl aussieht. Vermengen Sie in einer anderen Schüssel 2 leicht geschlagene Eier, 2/3 Tassen Milch und 1 Teelöffel Vanillemark, und rühren Sie das Ganze ins Mehl, bis der Teig dickflüssig vom Löffel tropft. Verteilen Sie diesen Teig gleichmäßig auf einem gefetteten und bemehlten Backblech. Bestreichen Sie ihn mit geschmolzener Butter, und belegen Sie ihn dicht mit den Pflaumenhälften (aufgeschnittene Seiten nach oben). Beträufeln Sie die Pflaumen mit 2 Eßlöffel süßer Sahne, und streuen Sie 1 Eßlöffel Zimt und 2 Eßlöffel Zucker darüber. Backen Sie den Teig 30 bis 40 Minuten, bis er fest ist und die Pflaumen saftig und goldbraun sind. Schneiden Sie den Kuchen in Stücke, und servieren Sie ihn warm mit Vanilleeis oder in einem tiefen Teller mit etwas kalter süßer Sahne auf jeder Portion.

Die hohe Qualität dieser saftigen Pflaumen und Birnen auf dem Green-Dragon-Markt rechtfertigt den Ruf der Amischen als hervorragende Bauern.

Ex. Large
Home Grown
Plums
2.00
Box
Sweet & Juicy

Danksagung

Reiseberatung: Geographical Tours-Neot Hakikar

Finanzielle Unterstützung: Fuji Films, Israel; Lufthansa, Israel

Technische Informationen: Kameras und Linsen Nikon; Filme Velvia und Kodakchrome EPJ; Laborarbeiten Studio M, Qlab, Israel.

Zu großem Dank verpflichtet bin ich vor allem meiner Familie: meiner Frau Udit, die viel zum Entstehen dieses Buches beitrug, und meinen Kindern Lior, Mika und Nadav, denen es gelang, ein normales Leben zu führen, während ich mich an Orten befand, deren Namen schwer auszusprechen sind, und nie die richtigen Geschenke für sie fand.
Danken möchte ich auch Israel Aharoni, der mich auf vielen Reisen begleitete und dessen Begeisterung, Optimismus und Neugier mir sechzehn Jahre lang immer geholfen haben; Beth Elon, meiner Agentin und Freundin, ohne die dieses Buch eine Idee geblieben wäre; und Mosh Savir, dem Geschäftsführer der Geographical Tours-Neot Hakikar, der mir sein Personal zur Verfügung stellte, mich an seiner Reiseerfahrung teilhaben ließ und andere wertvolle Beiträge lieferte.
Ihnen allen verdanke ich viel. Manche gaben mir Rat, eine Idee, eine wertvolle Information; andere gaben mir ein Bett für die Nacht oder für eine Weile Unterkunft in einem fremden Land. Manche waren Profis, mit denen ich zusammenarbeitete und die sich als Teil dieses Projekts fühlten: Moshe Gilad, Sherry Ansky, Nira Rousso, Leon Botner, Meir Carmon, Moshe Hertzhaim, Jacob Hadar, Ram Oren, Deborah Harris, Modi Ben Shach, Micha Dorfzaun, Ronit Segelman, Ami und Ruth Yaar, Moshe und Irit Stiegman, Yossef und Gali Friedman, Lior und Dick Codor, Leonard (Skip) und Amalia Fink, Dee Dee Meyer, Joan Nathan, Tami Lehman, Karen Lulka, Roni Rubinstein, Liu shi gun, Piero Galvagno, Carlos Raul Morales Catalan, Ibrahim el Samman, Nguyen Hoang Minh, Gita Bhalla, Ktut, Laura, Thomas Burton Hendrickson, Yitzchak Zaroni von der Lufhansa Israel, Antje Flomin vom deutschen Fremdenverkehrsbüro in Israel, PDA Pike Place Market, die Belegschaft der Wochenendbeilage von Yediot Acharonot und die Belegschaft von Geographical Tours: Moshe Mena, Muli Shaul, Nir Avieli, Uzi Meiboom, George Zohar, Ruth Chaushu und Liora Eden. N.S.

Dafür, daß ich an diesem Buch mitarbeiten durfte, danke ich Beth Elon, die mich mit dem Projekt bekannt machte, und Paul Gottlieb, der mir den Text anvertraute und geduldig darauf wartete. Elisa Urbanellis gründliches Lektorat brachte alles ins Lot, und dafür danke ich ihr. Carol Robson hat ihre Aufgabe, das Buch zu gestalten, wundervoll gelöst.
Die großzügige Hilfe Joel Patrakers vom Union Square Green Market weiß ich ebenfalls zu schätzen. Er gab mir wertvolle Informationen und machte mich mit Händlern bekannt. Für besonders nützliches Material über den Green Dragon Farmers' Market in Ephrata danke ich Lucinda Hampton vom Besucherbüro der Pennsylvania-Deutschen in Lancaster. Außerdem bedanke ich mich bei Hilary Baum, eine Mitgründerin und Direktorin von Public Market Partners, für Informationen über die Entwicklung der Bauernmärkte im ganzen Land. M.S.

Literaturverzeichnis

Amado, Jorge, *Gabriela wie Zimt und Nelken*. Reinbek bei Hamburg 1996

Bugialli, Giuliano, *Foods of Sicily and Sardinia and the Smaller Islands*. New York 1996

Clark, Eleanor, *The Oysters of Locmariaquer*. 1959, 1964. New York 1992

Covarrubias, Miguel, *Island of Bali*. 1937. New York 1965

Durrell, Lawrence, *Prospero's Cell*. London 1945

Girouard, Mark, *Die Stadt. Menschen, Häuser, Plätze. Eine Kulturgeschichte*. Frankfurt am Main 1987

Masui, Kazuko, und Tomoko Yamada, *Französischer Käse. 350 Sorten aus allen Regionen Frankreichs*. München 1997

Platina, *De honesta voluptate* (Von der Eerlichen zimlichen auch erlaubten Wolust des Leibs). 1475. Augsburg 1542. Hildesheim 1980

Polo, Marco, *Die Reisen des Marco Polo*. Nacherzählt von Felicity Trotman. Freiburg 1990

Wells, Patricia, *The Food Lovers' Guide to Paris*. New York 1993

Zola, Emile, *Der Bauch von Paris*. 1873. Leipzig 1991

Ein stilvoller Gemüsestand auf dem Markt in Ipanema.

In Brasilien verkauft man Acajounüsse samt ihrem birnenförmigen Fruchtstiel, dem Acajouapfel, aus dem man einen erfrischenden Saft preßt. Die Nuß selbst wächst in einer dicken, giftigen Schale, die schwer zu entfernen ist.

ناشيونال
NATIONAL

An den Ufern des Mittelmeers

Mittelmeer

An den Ufern des Mittelmeers

»Die Märkte der Märkte« könnte man die Basare und Souks im Nahen Osten und Nordafrika nennen. In den verwinkelten, sonnendurchfluteten Gassen duftet es verführerisch nach Kräutern, Gewürzen, frischen Melonen und gegrilltem Fleisch. Zahllose Teekannen, Tabletts und Kaffeemühlen aus Messing und Kupfer funkeln wie geschmolzener Honig in der heißen Sonne, und Gewürze – orange und golden, chromgelb und terrakotta, aschgrün und erdbraun – betören Nase und Augen und regen die kulinarische Phantasie an. Überall ist lautes Stimmengewirr zu hören – die gerissensten Händler der Welt preisen ihre Waren an und feilschen mit ebenso gewieften Kunden. Die englische Schriftstellerin Robin Howe, die vor fünfzig Jahren den Franjeh Souk (Ausländermarkt) von Beirut besuchte, übersetzte einige der Lobeshymnen, die sie von den arabischen Händlern gehört hatte: »Gurken so klein und zart wie Babyfinger«, »Äpfel so rot wie die errötende Wange einer Braut« und »Kaufen Sie zu diesem Preis, es ist Ihre letzte Chance!«

Im Staatengewirr, das wir »Naher Osten« nennen, läßt sich nichts eindeutig festlegen, am wenigsten die Grenzen dieses Gebietes. Es ist wohl einfacher, den Nahen Osten – in dem Moslems, Juden und Christen leben – nicht geographisch, historisch oder philosophisch zu definieren, sondern gastronomisch. Für manche ist dieses Gebiet heute noch »der Orient«, andere zerlegen ihn in Teile, rechnen Griechenland zu Europa und fassen die Mittelmeeranrainer Marokko, Algerien, Tunesien, Libyen und Ägypten unter dem Begriff »Nordafrika« zusammen.

Allen diesen Ländern ist jedoch die Küche gemeinsam, wenn auch mit Varianten. Sie kennt unzählige Gerichte. Reis, Bohnen, Auberginen, Okra, am Spieß gegrilltes Fleisch, gefülltes Gemüse oder Weinblätter (türkisch *dolma*, die arabische Bezeichnung lautet *mahshi*) sind die Hauptzutaten, dazu gehören auch Grundnahrungsmittel wie Sesamsamen und Oliven samt dem daraus gepreßten Öl, Joghurt und pikanter Weißkäse. Besonders verführerisch ist die Duftmischung aus strenger Zitrone und stechendem Koriander, warmem Knoblauch und kühler Minze, scharfen Peperoni und milden Zwiebeln, durchdringenden Granatäpfeln und frischer grüner Petersilie mit sanfteren Untertönen aus Kümmel, Zimt und Nelken, veredelt vom hochgeschätzten Safran.

Vorige Seiten: Ein Gewürzhändler auf Kairos Souq al-Attarin füllt Plastiktüten mit Kurkuma.

Eine kleine Straße des Basars Khan el-Khalili in Kairo quillt über von Waagen in allen Formen und Größen.

Neben ihrer Leidenschaft für komplexe Gewürzmischungen ist den Bewohnern des Nahen Ostens und Nordafrikas die Lust auf fetttriefende Süßigkeiten mit Honig gemeinsam, mit denen in der guten alten Zeit Haremssklavinnen belohnt wurden. Es handelt sich um anzüglich geformtes Gebäck, das »Frauenschenkel«, »Nabel der Liebsten« und »Lippen der Angebeteten« heißt. Außerdem gibt es knusprige, hauchdünne Teigblätter, gefüllt mit Sirup und Nüssen, zum Beispiel *baklawa*; weiche, sandfarbene *halva*, aus Sesamsamen gepreßt; mit Rosenwasser parfümiertes Pistazienkonfekt; mit Zucker bestreute Geleebonbons und durchsichtige, bunte Pralinen, die wie bemaltes Glas glitzern.

So sieht, mit kleinen Variationen, die Speisekarte in allen Ländern aus, von Marokko bis Ägypten, Israel, Jemen, Iran, Irak und sogar in Armenien und Georgien, die allerdings nur von den wenigsten zum Nahen Osten gezählt werden. Diese Küche ist heute auch in vielen westlichen Ländern beliebt – ein Tribut nicht nur an ihre exotischen Aromen, sondern auch an ihre gesunde Mischung aus Öl, Gemüse, Vollkorn und Obst.

Wie auf vielen Märkten der Welt blühen natürlich auch an den Ständen des Nahen Ostens Aberglauben und Religion. Auf dem Fischmarkt in Istanbul kann man heute noch Fische sehen, die mit türkisfarbenen Keramikperlen verziert sind, weil diese Farbe angeblich den bösen Blick abwehrt. In Jerusalem und Tel Aviv hängen in vielen Geschäften nicht nur Fotos von Menachem Schneerson, dem Lubawitscher Rebbe, den manche für den Messias hielten, sondern – für alle Fälle – auch Tafeln mit der Hand Fatimas und, wenn der Händler aus Marokko stammt, ein Bild des rätselhaften marokkanischen Rabbi-Propheten Baba Sali.

Angesichts all der verführerischen Düfte ist es kein Wunder, daß die Kunden ihren Appetit mit Imbissen in kleinen Restaurants mit zwangloser Atmosphäre und an Marktständen stillen. Fritierte Bällchen aus Bohnenpüree, *falafel* oder *tamiya*, sind ebenso allgegenwärtig wie die kleinen Spieße mit Lammfleisch auf dem Grill und die riesigen Fleischstücke am Spieß – je nach Glaubensrichtung dreht sich dort Rind, Lamm oder Schwein –, die man in der Türkei *kebab*, in Griechenland *gyros*, im Libanon und in Syrien *chawarma* nennt. Im grellen Sonnenlicht, das durch die Markisen der Souks in Marrakesch gedämpft wird, kann man Nougatbonbons lutschen und dann mit Zitronenwasser den Durst löschen.

Auf dem Khan-el-Khalili-Basar in Kairo, einem duftenden, lärmenden Labyrinth, trifft man auf Stände (*fatarini*), an denen *fatir* verkauft wird, eine ägyptische Pizza aus Blätterteig, die erst theatralisch herumgewirbelt und dann pikant mit Eiern, Fleisch und Käse oder süß mit Nüssen und Zimt gefüllt wird. Und seit 1773 stärken sich Käufer, Touristen und Schüler im unkonventionellen, mit Spiegeln vertäfelten Café Fishawi, wo Minzentee, mit Kardamom gewürzter Kaffee und *karkadey*, ein gekühltes rotes Getränk aus Hibiskusblüten serviert wird. Abenteuerlustige versuchen, eine gemietete *schischa* (Wasserpfeife) zu rauchen, die ägyptische Männer ins Land der Träume versetzt.

Baladi ist ein lockeres Brot, das in Ägypten den ganzen Tag über heiß und frisch verkauft wird.

Die historische Kentriki Agora, die zentrale Markthalle in Athen, wurde 1879 gebaut. In der Mitte können Käufer aus einem riesigen Sortiment Meeresfrüchte wählen.

Auf der griechischen Insel Hydra sind Autos verboten. Darum müssen Maultiere die Lasten tragen.

Typische Märkte

Ägypten

Khan el-Khalili, Kairo – Ein wild wuchernder Markt, auf dem Waren aller Art verkauft werden, darunter Lebensmittel und, auf dem Souq al-Attarin, Gewürze

Kamelmarkt, Bir Eisch – Ein Wochenmarkt, den Ägypter und Sudanesen besuchen; bis vor kurzem in Imbaba, einem Vorort von Kairo, abgehalten

Griechenland

Kentriki Agora, Athen – Der zentrale Markt in einer 1879 errichteten Halle

Hydra – Der Hafenmarkt auf einer bergigen Insel im Golf von Ägina

Israel

Karmelmarkt (Shuk HaCarmel), Tel Aviv – Der größte Lebensmittelmarkt der Stadt

Arabischer Basar, Jerusalem – Gassen (manche überdacht) voller Händler, die in kleinen, zur Straße hin offenen Läden ihre Ware anbieten. Der Markt beginnt gleich hinter dem Damaskustor der Altstadt und erstreckt sich bis zur Grabeskirche.

Marokko

Fischmarkt, Casablanca – Ein sehr weitläufiger, farbenprächtiger Hafenmarkt. Fische werden auf Schiffen an den Pieren verkauft.

Die Souks von Marrakesch – Lebensmittelhändler in den von Menschen wimmelnden, lauten, schattigen Gassen am Rande des theatralischen Platzes der Gaukler, der Djemaa el-Fna

Im Hafen von Casablanca.

علي حسين العطار
شركة عطارة الغورية
GIGI
OMEGA

Geschäfte auf dem Souq al-Attarin in Kairo führen ein buntes Sortiment von Gewürzen. Jeder Gewürzhändler auf dem Basar stellt seine eigenen Mischungen zusammen, die manchmal über dreißig einzelne Gewürze enthalten.

Die Würze des Lebens

Nichts ist so typisch für die Märkte des Nahen Ostens wie der verführerische Duft der Gewürze, die den Besucher in die sonnendurchfluteten Gassen der Souks locken. Sie werden in Säcken oder Kisten und auf Fässern angehäuft präsentiert, und ihre Farben – Gold, Rot, Bronze, Erdbraun, Aschgrün und Terrakotta – lassen ihr Aroma ahnen. Die folgende Liste enthält einige klassische Mischungen und Soßen, die Bestandteil der Küche dieser Länder sind.

Baharat – Eine irakische Mischung aus Muskat, schwarzem Pfeffer, Koriander, Kreuzkümmel, Nelken, Zimt, Paprika und Peperoni.

Duqa – Eine ägyptische Gewürzmischung aus Nüssen, verschiedenen Samen und Kreuzkümmel.

Griechisch Heu – Gelbliche Samen mit warmem, bitterem Geschmack, geröstet vor allem in Currygerichten und Gewürzmischungen geschätzt.

Harissa – Feurige nordafrikanische Paste aus roten Peperoni mit Öl, Knoblauch, Kreuzkümmel und Koriander.

Hilbeh – Ein jemenitisches Relish aus uraltem, muffigem Griechisch Heu, Kardamom, Koriander und Peperoni.

Kawaige – Jemenitische Mischung aus Kardamom, Koriander, schwarzem Pfeffer, Kurkuma und Salz. Für Suppen, Salate, Eintopfgerichte und sogar Kaffee verwendet.

Mastix – Aromatischer griechischer Gummi mit mildem Süßholzaroma. Im Nahen Osten für Couscous, Festtagsbrot und Kuchen verwendet.

Sumach – Essigbaumgewürz. Eine scharf schmeckende Beere, die man trocknet und zu Pulver verarbeitet.

Ysop – Ein biblisches (vom Aussterben bedrohtes) Kraut, das wie wilder Oregano mit einer Spur Salbei anmutet.

Zahtar – Erdig schmeckende Mischung aus Sumach, Thymian, Ysop und gemahlenen und gerösteten Sesamsamen. Wird auf Salate gestreut oder auf mit Öl bestrichenem Fladenbrot gebacken.

Zhug – Eine jemenitische Soße aus Knoblauch, scharfen und milden Peperoni, Koriander, Petersilie und Griechisch Heu. Die Farbe – grün oder rot – hängt von den Peperoni ab.

Zwei der beliebtesten Süßigkeiten im Nahen Osten sind baklawa *und* kunafa. *Der Hutmacher im Hintergrund fertigt einen Fes an, die traditionelle ägyptische Kopfbedeckung.*

Ein Minarett überragt diese Szene in einer Gasse in der Altstadt von Kairo.

שמן זית

Samak bi Tahini

Fisch, in Tahinasoße gebacken

Wer die frischeste Ware bevorzugt, nach Fischen mit klaren Augen, festem Fleisch, roten Kiemen und süßem Duft Ausschau hält, der bereitet seinen Fang auch auf die einfachste Weise zu: als Ganzes, in Scheiben oder in Stücken, am Spieß gegrillt oder im Ofen gebraten und nur mit Zitronensaft, ein paar Tropfen Olivenöl und vor allem mit der vielseitigen Tahinasoße bestrichen. Für 2 bis 4 Portionen brauchen Sie einen 2 1/2 Pfund schweren Fisch mit weißem Fleisch, zum Beispiel Schnapper oder Seebarsch.
Er sollte ausgenommen und abgeschuppt sein. Reiben Sie ihn innen und außen mit etwas Salz ein, und legen Sie ihn 2 oder 3 Stunden in den Kühlschrank. Dann spülen Sie ihn ab, tupfen ihn trocken und lassen ihn 20 Minuten bei Zimmertemperatur stehen.Geben Sie ein wenig Olivenöl in einen Bräter, legen Sie den Fisch hinein, und bestreichen Sie ihn oben und innen noch einmal mit 2 Eßlöffel Öl. Backen Sie den Fisch mit Alufolie zugedeckt 20 Minuten bei 200 °C.
Dünsten Sie inzwischen 1 Tasse gehackte Zwiebeln in 2 Eßlöffel Olivenöl, und geben Sie sie mit dem Öl und 1 Eßlöffel Zitronensaft in 1 1/2 Tassen Tahinasoße. Gießen Sie Soße über den Fisch, und lassen Sie ihn weitere 10 bis 15 Minuten unbedeckt bei 175 °C im Herd, bis Sie das Fleisch leicht von den Gräten löst. Sie können heiß servieren; aber der Fisch schmeckt besser, wenn Sie ihn 1 Stunde abkühlen lassen.

Tahina

In orientalischen Feinkostläden und Reformhäusern gibt es Tahina, eine Sesamsoße, zu kaufen. Schlagen Sie 2/3 Tassen Tahina mit 3 bis 4 Eßlöffel Zitronensaft, 1/2 Tasse Wasser, 1/2 Teelöffel Salz, einer Prise schwarzem Pfeffer, 1 zerquetschten Knoblauchzehe, einer Prise Kreuzkümmel und 3 Eßlöffel Sesam- oder Olivenöl, bis die Mischung etwa die Konsistenz von Joghurt hat. Würzen Sie nach, und stellen Sie die Soße kühl.
Garnieren Sie mit gehackter Petersilie oder Korianderblättern, und servieren Sie die Soße mit *falafel* und gegrilltem oder gebratenem Lammfleisch, Huhn oder Fisch. Sie erhalten etwa 1 Tasse.

Auf einem Pier in Casablanca werden Körbe mit frischem Fisch auf Karren geladen und zum Markt gebracht.

Als Frühstück gibt es auf diesem ägyptischen Kamelmarkt fast immer eine Schale gedünstete Saubohnen (ful). Man kocht die rotbraunen Bohnen zu einem Brei, der mit Öl, Zwiebeln, Eiern und scharfen Peperoni garniert wird. Man sagt, dies sei das Frühstück für den Reichen, das Mittagessen für den Arbeiter und das Abendessen für den Armen.

Frische Saubohnen haben in den ersten Wochen des Frühlings Saison. Dann sind die Straßen mit Handkarren gefüllt, die vor Bohnen überquellen.

Mluchiya, ein grünes Blattgemüse, ist im Nahen Osten ein hochgeschätztes Grundnahrungsmittel, weil es schmackhaft ist und Suppen und Eintöpfe ähnlich wie Okra andickt.

Während der heiligen Tage des Frühherbstes werden in allen großen Städten Israels Sukkotmärkte abgehalten. Dort kaufen religiöse Juden ihre »vier Arten« – Palme, Zitrone, Weide und Myrte –, die sie in der Sukkotwoche brauchen. Hier prüfen drei Männer die Reinheit und Qualität eines etrog (Zitrone) auf dem Markt in Tel Aviv.

Lulaw und Etrog

Palme und Zitrone

Lulaw (Palmzweig), *etrog* (Zitrone) sowie ein Weiden- und Myrtenzweig sind die »vier Arten«. Sie symbolisieren die Fruchtbarkeit der Erde und den Wert des Menschen und bilden den Feststrauß am Sukkot (Laubhüttenfest), dem jüdischen Erntedankfest, das eine Woche lang im Herbst gefeiert wird. In Israel
ist es ein nationaler weltlicher Feiertag. Während dieser Woche essen viele Familien in *sukkas*, »Laubhütten«, die mit Zweigen und Blumengirlanden geschmückt sind. Die große gelbe Zitrone, aus der man normalerweise Marmelade und Zitronenbonbons macht, ist auf den speziellen Sukkotmärkten vor dem Fest sehr teuer.
Ein vollkommener *etrog* kann in New York bis zu 100 Dollar kosten. Schlaue Käufer warten bis zur letzten Minute, in der Hoffnung, einen *etrog* zum Ausverkaufspreis zu bekommen, da die Händler wissen, daß ihre Ware am nächsten Tag nicht mehr viel wert sein wird – ähnlich wie Christbäume am 27. Dezember. Viele tragen das kostbare Stück in exquisiten, mit Samt ausgeschlagenen Silberschatullen, die wie die Frucht selbst aussehen, in die Synagoge. Ein penibler Käufer sucht nach einem *etrog* mit makelloser Schale, ebenmäßig ovaler Form und einem geraden Stiel.
Die frommsten Juden gehen mit der Zitrone sogar zum Rabbi, wenn sie nicht sicher sind, ob sie geeignet ist.

An diesem Stand auf dem Karmelmarkt in Tel Aviv werden Nudeln, Nüsse und Getreide angeboten, obwohl auf dem Schild an der Wand »Kohle« steht.

Ein Laden für Nüsse und Süßigkeiten im arabischen Basar von Jerusalem.

Sesamsamen

Aladins »Sesam, öffne dich« nimmt auf den Märkten des Nahen Ostens eine neue Bedeutung an. Dort schmücken diese winzigen, süßlichen, erdfarbenen Samen Brot, garnieren Salate und liefern ein feines, gesundes Öl. Aus dem Rückstand bei der Ölgewinnung aus Sesamsamen macht man Soßen, zum Beispiel Tahina, oder *halwa*, das legendäre Konfekt. Mit Zucker und Honig zu Tafeln gehärtet, wird daraus eine weitere köstliche Süßigkeit. Erfahrene Käufer beschnuppern ein paar Samen und zerkauen sie, um festzustellen, ob sie ranzig sind. Sonnenblumen- und Kürbiskerne, Mandeln, Erbsen und Pistazien sind auf Märkten und Straßen und bei Sportveranstaltungen ebenfalls beliebte Knabbereien.